영성 세계로의 여행 7

신유 영성
나는 치료하는 여호와로라

| 이강천 지음 |

쿰란출판사

추천사

황덕형
서울신학대학교 총장

　한국을 대표하는 영성의 대가 중 한 분이신 이강천 목사님께서 사랑하는 후배들을 위해서 친절하게 자신의 체험을 전수해 주시는 귀한 글을 남겨주셨습니다.

　이 책은 플라톤의 《대화록》 형태로 소크라테스가 그의 제자들과 대화하면서 진리에 가까이 가려고 한 것 같은 형태를 취하고 있습니다. 이 목사님과 직접 만나면서 대화를 하는 것 같은 착각 속에 빠지게 될 것입니다. 그만큼 이 책은 신학생들과 대학생들의 실제적인 대화를 중심으로 짜여 있어 소통과 접근성에서부터 탁월한 점을 가지고 있습니다.

　더욱이 그 내용들 역시 우리 목회 현장에서 만나게 되는 실제적인 상황과 연관되어 있음을 발견할 수 있습니다. 경건을 위한 훈련에서 시작하여 친교, 사명, 성령, 전도, 일터, 신유 그리고 설교에 이르는 아주 특별하고도 실제적인 영성의 구체적인 현장들을 아우르는 내용들입니다. 우리 교회의 성도들에게만 아니라 특히 미래 우리나라의 영적 세계를 책임져야 할 신학생들에게는 아주 커다란 지침서가 될 것입니다.

솔직히 오늘날의 신학교육이 지나치게 지성 위주로 치우쳐 있어서 이를 극복하기 위한 실제적이며 실천적인 영성 프로그램들이 아쉬웠던 차에 이강천 목사님의 글은 커다란 도움이 되리라고 확신합니다. 더욱이 실제로 바나바훈련원을 시작하시고 그것을 발전시키셨던 모든 경험들이 그대로 쌓여 있어서 이 책은 영적 성장을 원하는 모든 분들에게 나침반으로, 어둔 바다의 등대 역할을 충실히 하게 되리라고 확신합니다.

2020년 9월

추천사

김정호
바나바훈련원 원장

《영성 세계로의 여행》이 출판되는 것을 기뻐하고 축하드립니다. 본 책의 저자는 저의 스승이십니다. 인생 여정에서 아주 우연히 저자를 만났습니다.

스승을 만나기 전까지는 영성에 대한 갈증을 느꼈고, 비전과 사명에 대한 불확실성의 짐이 너무 크고 무거웠습니다. 하지만 저자를 만나면서 무기력했던 영성이 타오르기 시작했습니다. 비전이 선명해졌으며 사역을 어떻게 해야 하는지, 사역의 철학이 세워지기 시작했습니다. 저자를 만난 것은 저의 생애에 선물이었습니다.

본 책은 저자가 주님의 비전을 품고 달리는 젊은 세대들을 위해 새롭게 가다듬은 작품입니다. 그동안 한국교회와 세계 선교 현장 가운데 저자가 집필한 매뉴얼이 현장에서 사역자를 세워 왔습니다. 저자가 가르치고 체계화한 매뉴얼이 여러 나라 여러 곳에서 현재 역동적으로 적용되고 있는데, 바로 그 자신의 매뉴얼을 신학대학원생들, 캠퍼스의 젊은이들을 위해서 특별 제작한 것입니다. 이것은 마치 야생의 동물들 가운데 어미가 소화력이 부족한 새끼들을 위해서 자신이 소화를 시킨 것을 토하여 먹이듯 쉽게 풀이한 것입니다.

저자는 이미 현직에서 오래전 은퇴하였습니다. 저자는 스스로 본인이 노구(老軀)이며 총명의 한계가 있음을 고백하였습니다. 그런데 젊은이들 앞에서는 새 힘이 솟구침을 경험했습니다. 본래 저자는 한국 유수 교단의 교수로 신학생들을 가르쳤습니다. 하지만 건강의 악화로 모든 공직을 떠나게 되었습니다. 그래서 저자의 영성을 '보리피리'라 부릅니다.

새봄에 대지를 뚫고 자라기 시작한 보리 대궁이 열매를 맺지 못하고 푸른 계절에 줄기째 잘라졌습니다. 하지만 하나님이 잘려진 대궁에 생명을 불어넣자 보리피리 소리를 내었고, 그 소리를 들은 상처받아 신음하던 목회자, 선교사들이 살아나게 된 것입니다.

저자는 그를 찾는 이들에게 주님의 지상명령의 처소인 땅 끝을 달려가게 했습니다. 그런 저자가 과거 그가 신학대학교 교수였음에도 잃어버렸던 영토인 신학대학원생들과 캠퍼스의 젊은이들 곁으로 다가와 본 책을 나누는 것은 아마도 그곳이 저자의 땅 끝으로 여겨집니다.

본 책을 읽는 신학대학원생, 캠퍼스의 젊은이들은 멋진 영성 여행을 경험하게 될 것입니다. 그래서 영성과 비전과 사역의 원리가 정리될 것입니다. 마치 새봄에 농부가 경작을 위해 전답을 비옥한 땅으로 가꾸듯이 생명을 낳고 기르는 영성으로 세워질 것입니다.

  끝으로 저자의 노고에 감사의 마음을 드리며 스스로에게 정진을 다짐합니다.

2020년 9월

추천사

영원한 그리움의 여정

지형은
말씀삶공동체 성락성결교회 목사

영성이란 단어는 기독교에서 1960년대 이후에 신학과 신앙의 논리에서 사용되기 시작했습니다. 가톨릭이나 정교회도 마찬가지입니다. 영성 또는 영성신학이 가톨릭이나 정교회의 전통에서는 아주 오랜 역사를 가졌다고 말하는 것은 '영성과 연관된 표현들'을 소급해서 불러낸 결과입니다. 기독교 역사에서 보면 영성이란 단어가 주제적으로 쓰이기 시작하기 전에 이 단어의 뜻을 가진 말이 '경건'입니다. 그러나 요즘 영성이란 단어가 경건의 자리를 대신 차지하고 있습니다. 충분히 사명을 다하고 있는지는 신학적으로 좀 더 두고 봐야 할 일입니다.

이강천 목사님은 기독교 영성을 "하나님을 만나고 하나님과 교제하고 하나님과 함께 살고 하나님과 함께 일하는 삶"이라고 정의합니다. 경건이란 헬라어 단어 '유세베이아'(εὐσεβεία)가 정확하게 이런 뜻입니다. 다른 각도로 본다면 영성이란 말은 기독교 신앙의 본질에 관한 것입니다. 인류 역사에서 시대의 정신이 큰 변혁을 이루는 시기마다 기독교는 그 시대에 어떻게 기독교 신앙을 설명할까 하는 문제를 안고 씨름했습니다. 그때마다 나온 주제가 '기독교의 본질이 무엇인가' 하는 것입니다. 저자는 젊은이들과 함께 기독교의 본질 곧 기독교 영성의 여정을 순례합니다.

저는 저자 이강천 목사님을 오래전부터 알고 있습니다. 신학교 시절에 존경하는 교수님이셨습니다. 저자는 영성의 여정에 관한 여러 주제를 무엇보다 자신의 삶으로 설명하고 있습니다. 저자가 걸어온 삶의 여정을 그래도 어느 정도 알고 있는 저로서는 글을 읽으며 이분의 삶의 발자국이 떠올랐습니다. 제자들과 후배들에게 이정표와 출구를 보여주셨던 걸음들 말입니다.

영성과 연관하여 저자는 이미 출간된 한 권의 책까지 합하여 모두 여덟 개의 주제를 다룹니다. 경건, 친교, 사명, 성령, 전도, 일터, 신유, 설교입니다. 그러나 제게는 이 여덟 개의 주제가 여덟 개이면서 동시에 거대한 하나의 흐름이며 수원지로 읽힙니다. 저자는 그리스도인으로서 걸어온 삶의 경험과 간증에 신학자로서 가진 신학적 논리를 더해서 대화체로 풀어냅니다. 거기에다 목회자요 선교사요 세계 많은 곳을 다니며 집회를 인도하신 순회 설교자의 깊은 영적 통찰이 어우러져 있습니다. 글에 인용된 성경 구절과 그에 대한 설명 또는 해석은 물이 흐르듯이 자연스럽고 높은 산과 깊은 계곡처럼 뚜렷한 인상을 줍니다.

저자는 젊은이들을 여러 곳으로 안내합니다. 충남 서산의 황금산 산행을 거쳐 바닷가로, 선유도의 오 목사님 내외와의 만남으로, 망향기도원과 갈릴리기도원으로, 당진 왜목마을의 일출로…. 영성에 관한 저자의 이야기는 언제나 길 위에서 펼쳐집니다. 아, 이것은 저자가 살아온 삶을 생각하면 얼마나 잘 어울리는 것인지 모릅니다! 그렇습니다. 이강천 목사님은 한자리에 머물지 않았습니다. 신학자로서 연구실에만 머물지 않았고 목회자로서 한 교회에 오래 머물지도 않았습니다. 성결교단의 선교 정책을 이끄는 수장으로서 혼신을 다해 뛰었지만 거기에도 둥지를 틀지 않았습니다. 저자는 영적인 노마드(nomad)로서 끊임없이 길 위에 있었습니다.

저자는 당진 왜목마을에서 일출을 찍습니다. 신유의 중심이 능력보다는 사랑이라고 해석하면서 송곳 같은 바위 위로 붉은 달덩이처럼 솟아오른 태양을 찍습니다. 많이 알려진 대로 이강천 목사님은 사진작가면서 시인이기도 합니다. 그러고 보니 이분은 살아오면서 했던 일의 종류에서도 늘 길 위에 있었습니다. 예술가로서 이분이 지금도 걷고 있는 길과 연관하여 제가 짐작하는 일이 있습니다. 저자에게는 아직까지 쓰지 않은, 어쩌면 쓰지 못한 이야기가 있다고 보입니다. 삼위일체 하나님의 창조세계에 담긴 아름다운 이야기입니다. 사진작가이면서 시인인 저자의 평생 숙제일 것입니다.

　이 숙제를 신학적으로 말하면 '일반계시에 담긴 특별계시의 비밀을 풀어내는 작업'입니다. 보통 복음주의 신앙이 확고한 분들이 예수 그리스도의 십자가에 토대를 둔 특별계시를 강조합니다. 심장과 같은 이 진리에 비하면 일반계시 또는 자연계시의 가치는 한참 낮은 것으로 생각합니다. 그러나 예수의 십자가에서 그리스도를 만나서 새로운 삶을 찾은 수많은 신앙의 선배들은 그 신앙의 깊이로 들어가면서 창조세계의 자연계시가 얼마나 깊은 것인가를 깨달았습니다. 이분들에게는 신학적인 논리를 넘어 특별계시와 자연계시가 하나입니다. 자연에 담긴 그 위대한 진리는 아가서의 사랑과 함께 말로는 도무지 다 표현하지 못할 감격입니다. 여기에서 진리는 사랑이라고 불리고 신비라고도 불립니다. 이 진리를 맛보고는 말이나 글, 그

림이나 영상 등 그 어떤 것으로도 다 담지 못해서 그저 그분 앞에서 떨며 감격할 뿐입니다.

  하나님을 믿으며 삶의 길을 걸었던 수많은 신앙인들이 결코 이르지 못했던 이 순례의 길은 그래서 '영원한 그리움의 여정'입니다. 저자가 걷고 있는 이 길을 이분의 사진 작업과 시에서 조금 짐작할 뿐입니다.

2020년 9월

추천사

송재기
경북대학교 교수
전국대학교수 선교연합회 회장 역임

    기독교 역사상 유례를 찾기 힘든 부흥을 맛보며 우리 사회 발전의 선도적 역할을 감당했던 한국교회와 하나님 나라 확장을 위한 목회자 배출에 매진해 온 신학대학이 세속화와 영적 타락으로 쇠퇴의 길을 걸어가고 있습니다. 안타까운 일입니다.

    그동안 신학대학은 학문적인 요건을 충족하는 목회자 양성소 역할을 했으며 교회는 양적인 팽창으로 외형적인 규모를 키우는 데 관심을 가져왔습니다. 우리 사회에서 한 사람 목사의 영향이 얼마나 큰지를 생각한다면 신학과 더불어 철저한 영성 훈련을 통하여 균형 있는 목회자를 배출하여 우리 사회의 미래를 책임지게 할 책임과 의무가 있습니다.

    이강천 목사님의 《영성 세계로의 여행》은 오랜 경험과 훈련을 통하여 만들어진 '실천영성 훈련' 실습 교재와 같습니다. 그동안 신학교와 교회가 조금 소홀히 했던 부분을 청년들과의 대화를 통하여 경건 영성, 친교 영성, 사명 영성, 성령 영성, 전도 영성, 일터 영성, 신유 영성, 그리고 증식 영성을 자세히 귀납법적으로 풀어내고 있습니다. 신앙인의 삶을 천국으로 가는 순례의 길로 표현한다면 삶 속에서 직면하는 다양한 형태의 일들을 머리가 아니라 가슴으로, 실제 삶 속에서 확인할 수 있는 실습 교본이라 말할 수 있습니다.

　추천인은 대학교수로 캠퍼스에서 학생들에게 세상 학문을 가르치고 있는데, 지식 전달만이 아니라 '언행'(言行)이 일치되는 삶으로 학문을 하는 것을 목표로 합니다. 이런 의미에서 신학은 세상 학문과 다릅니다. 신학은 믿음을 말씀으로 풀이하면서 가장 큰 계명을 살아내는 사랑의 영성과 최고의 지상명령을 실현하는 선교의 영성을 삶 속에서 나타내야 하기 때문에 '심언행'(心言行)이 삼위일체가 되어야 합니다.

　따라서 이강천 목사님의 《영성 세계로의 여행》을 현재 신학교의 커리큘럼에 실천 영성 혹은 영성 훈련 관련 과목을 필수과목으로 정하여 예비 목회자들에게 철저한 영성 훈련을 통하여 '언행'(言行) 일치에서 '심언행'(心言行) 삼위일체를 실천할 수 있도록 활용하고, 청년 대학생 교육이나 특히 교회학교 교사 세미나에서 삼위일체의 코이노니아 영성을 훈련시켜 자라나는 어린 심령들에게 올바른 영성을 가르치며, 구경꾼으로 앉아 있는 평신도들에게 사명감으로 열정을 회복할 수 있는 평신도 교육에 활용한다면, 쇠락의 길로 달려가는 우리 사회에서 기독교가 신뢰를 회복하고 세상을 변화시키는 새로운 부흥의 역사를 쓰게 되리라 생각되어 정독하며 실천해 보기를 적극 추천합니다.

2020년 9월

추천사

이상식
계명대 언론영상학과 교수
Visual Worship Institute Korea 대표

  이 시대의 중요한 문제를 꼽으라고 하면, 나는 주저 없이 두 가지를 들겠다. 먼저 사람들이 외부 세계에 대해서 지나친 관심을 보인다는 것이다. 반면, 사람들이 내면세계에 대해서 관심이 많지 않다는 점이다. 외부 세계에 더욱 많은 관심을 보이는 이유는 외부 세계가 가시적이기 때문이다. 외부 세계는 매력적이고, 급하고, 목소리가 크다. 외부 세계에서 외모, 부는 물론이고 교육을 비롯한 다양한 스펙이 현대인들을 쫓기게 만든다.

  한편 내면세계는 사랑, 신앙과 같은 눈에 보이지 않는 것들이 있다. 내면세계는 늘 뒷전으로 밀린다. 내면세계가 외부 세계보다 중요하지 않은 것은 결코 아니다. 그 이유는 내면세계가 외부 세계를 결정하기 때문이다. 내면세계는 우리 삶의 조정실과 같은 역할을 한다. 내 삶의 조정자로서 살기 위해 내면세계의 질서를 찾는 것은 매우 중요하다. 외부 세계에 쫓겨 살다 보면, 내면세계는 엉망진창이 되고 만다.

  우리 사회에서 성공한 자들 가운데, 외면 세계는 화려한데 내면세계는 망가진 자들이 적지 않다. 소위 '성공한 못난이'들이다. 비록 사회적으로 바쁘게, 열심히 살아 성공했으나, 실제 그들의 내면세계는 뒤죽박죽이다. 결국 이들이 겪는 공통적인 삶의 결과는 사막화이다.

삶이 사막처럼 서서히 메말라가면서, 삶이 함몰되어 간다. 대통령, 재벌 대표, 유명 탤런트, 심지어 교육 지도자 가운데서도 함몰 웅덩이처럼 내려앉자 삶을 포기한 소식이 종종 우리를 충격에 빠뜨린다.

이 책은 이 시대의 이러한 문제를 해결하기 위한 답을 제시한다. 저자가 내놓은 해결책은 내면세계의 질서를 찾기 위한 '영성'이다. 최근 들어 국내외 신학계에서 영성 신학에 대해 관심이 부쩍 높아진 것 같다. 하지만 국내 신학교에서 교과목으로 제도화되어 있지 않은 아쉬움이 있다. 현대인들이 앓고 있는 질병들이 '영성의 결여'에서 비롯되었지만, 그동안 한국 교계는 도외시한 경향이 있다. 한국 교회 목회자들이나 중직자들은 밖으로 드러나는 성과주의에 치중한 결과, 그 역기능에 적잖게 당황하고 있다. 영적 리더십이 아니라, 인간적 노력에 의존하였기에 당연한 결과라고 판단된다. 이로 인해 세상 사람들이 교회를 걱정할 지경이 되었다.

저자는 귀납적으로 영성과 관련된 주제를 풀어나간다. 이 책은 한국 기독교 지도자는 물론이고, 한국 교인들이 다시 부흥할 수 있는 길을 매우 근본적, 실천적, 체계적으로 제시한다. 그리고 중요한 명제들을 명확하게 제시한다. 접근 방법이 매우 현실적이어서 문제 해결에

설득력이 있다. 저자가 직접 체험한 내용이기에 힘이 있고 감동을 준다. 감히 우리가 이렇게 할 수 있을까 싶을 정도로 저자가 몸소 보여주는 영성의 수준이 탁월하다. 저자는 지금까지 대학 교육, 교회 목회, 선교와 훈련 사역 현장에서 탁월한 영적 리더십을 보여주신 분이기에 가능하였으리라. 저자의 삶에 존경과 함께 감사의 말씀을 드린다.

나는 소통과 사진을 연구하고 있다. 기독 영성으로 사진을 찍고 글을 쓰려고 노력한다. 글과 사진으로 생각의 폭을 더하고, 삶과 신앙의 깊이를 더해 나가기 위해 날갯짓을 하고 있다.

이강천 목사님은 오랜 기간 동안 영성으로 사진을 찍고, 시를 쓰신 분이다. 이분의 사진과 시를 보노라면 수정처럼 맑고 빛이 난다. 나는 이분의 학처럼 고매한 삶의 영성을 닮고 싶다. 요즘 나는 저자가 제시한 영성을 음미하면서 사진과 글에 반영하고 있다. 나의 기도가 달라지고 있다. 주님께서 가르쳐 주신 기도를 저자가 제시한 방법대로 따라 하니, 기도의 넓이와 깊이가 더해지는 즐거움을 누리고 있다. 영성으로 가득 찬 나의 미래 사진과 글을 생각만 해도 행복하다.

2020년 9월

추천사

유정민
캠바훈 대표

저자의 글에는 하나님을 향한 순결한 마음이 가득합니다.
저자의 글에는 진리를 전하고자 하는 열망이 가득합니다.
저자의 글에는 삶으로 하나님과 동행한 흔적이 가득합니다.

이 이상 저로서는 주제넘게 무슨 추천사를 쓸 수가 없습니다.
저자의 글을 읽게 된다면, 일평생 주님을 따랐던 그 영성을 이어가기를 갈망하는 마음이 커져가게 될 것입니다.

2020년 9월

머리말

최근 한 후배 목사를 통하여 현재 모 신학대학원 M. Div. 학생 10여 명이 저를 만나기를 원한다고 하여 만나보았습니다. 그들은 신학교에서의 메마른 영성으로 인하여 영성을 지도해 줄 멘토가 필요한데 나더러 멘토가 되어 달라는 것이었습니다. 한 달에 한 번씩 그들을 만나서 내가 걸어온 영적 경험들을 간증하며 나누어 주었고 각자 개인적 영성 훈련을 하도록 권했으며 코이노니아 영성을 경험하도록 매주 함께 한 차례 모여 삶을 나누고 서로를 위하여 기도하는 모임을 갖도록 권하여 그렇게 하고 있습니다.

그들은 나의 간증이 많은 도움이 되고 힘이 된다고 고마워했습니다. 그러다 생각해 보니 이들은 나와 한 1년 동안 모이게 될 것인데 그러면 10여 명과 멘토링하고 끝나는 것이고 내가 언제까지 또 다른 팀을 만나며 그렇게 멘토링을 할 것인가 생각하니 아쉽기 짝이 없습니다.

그래서 교회 성장 원리 중 증식의 원리를 이들에게도 적용해야겠다는 생각을 하게 되었습니다. 나와 만나던 그들 11명이 이제 후배들을 몇 명씩이든 만나며 코이노니아 모임을 매주 가지며 한 달에 한 번은 나와 만나는 대신 내가 쓴 책을 공통으로 읽고 나누는 학습 모임으로 하면 내가 더 이상 그들을 직접 만나지 않아도 나의 멘토링을 이어가는 모임이 대를 이어서 이루어질 수 있다는 생각이 들었습니다. 이렇게 되면 나와 만나던 친구들은 다른 후배들을 지도하는 지도자로 성장하게 될 것입니다. 이것이야말로 일석이조가 되는 것이지요.

그래서 내가 그들에게 나누어 주던 간증과 가르침을 책으로 써야겠다는 사명감이 일어난 것입니다. 그래서 이 《영성 세계로의 여행》 시리즈를 엮게 되었습니다. 여기에서 나누는 내용들은 새로운 것은 아니고 내가 이미 바나바훈련원에서 가르치고 여러 다른 책에서 다루고 나눈 것들입니다. 어쩌면 재편집이라 할 수 있을 것입니다. 그러나 이번에는 젊은이들이 읽기 편하게 대화체로 썼습니다.

처음에는 신학생을 위한 영성 훈련 참고서로 쓰려고 생각했는데 독자층을 조금 넓혀 쓰게 되었습니다. 캠바훈이라는 캠퍼스 선교 단체가 나의 교재들을 사용하고 있는데, 그들도 사용하기를 원하는 마음이 보태졌습니다. 게다가 교수님들 가운데 교제하는 분들도 있고 교수선교회에서 헌신하는 교수님들과 그분들의 제자화 노력에 보탬이 되기를 원하는 마음이 첨가되었습니다. 또한 캠퍼스 사역자들의 영성 훈련 참고서가 되기를 원했습니다. 그래서 대화체로 쓰되 신학생 한 명과 남녀 대학생 한 명씩, 세 명의 젊은이들과 여행하며 대화하는 형식으로 저술하였습니다.

아울러 바나바훈련원에서 훈련받은 목사님들은 자신들의 복습 교재뿐 아니라 성도들 교육용으로 사용할 수 있을 것이라는 기대감도 포함되었습니다. 일반 목회자들은 자신들의 훈련 교재로 사용할 수 있고 이것이 자신들의 삶에 적용된다면 그분들도 성도들 영성훈련 교재로 사용할 수 있을 것이라는 기대감도 보태졌습니다.

이《영성 세계로의 여행》은 시리즈로 되어 있습니다. 각 주제는 다음과 같습니다.

영성 세계로의 여행 1 / 경건 영성 / 주님과 동행하기
영성 세계로의 여행 2 / 친교 영성 / 한 몸 된 코이노니아
영성 세계로의 여행 3 / 사명 영성 / 너는 복이 될지라
영성 세계로의 여행 4 / 성령 영성 / 성령의 능력으로 갈릴리에
영성 세계로의 여행 5 / 전도 영성 / 잃은 양을 찾으라
영성 세계로의 여행 6 / 일터 영성 / 그대 비즈니스를 박 터지게 하라
영성 세계로의 여행 7 / 신유 영성 / 나는 치료하는 여호와로라
영성 세계로의 여행 8 / 증식 영성 / 비대면 시대의 부흥전략
영성 세계로의 여행 9 / 설교 영성 / 설교가 뭐길래?

이 중에서 신학생이나 목회자 훈련에만 필요한《영성 세계로의 여행 9 / 설교 영성》은 사랑마루출판사에서 출간된《설교가 뭐길래?》라는 책으로 대체하도록 하였습니다. 그리고 나머지는 다시 정리하여 썼습니다. 그래서 이번에 출간되는 책은 실제로 8권이 됩니다.

처음에는 7권만 써서 출판사로 넘겼는데 그리고 나서 바로 코로나바이러스19로 인한 팬데믹 사태가 터졌습니다. 그리고 이 위기를 어떻

게 해야 하느냐는 후배들의 절규를 들으면서 남겨 두었던 증식의 영성을 급히 써서 보태야 한다는 절박한 사명을 느꼈습니다. 그래서 급히 '비대면 시대의 부흥 전략'이라는 제목으로 증식 영성을 다루는 글을 쓰게 되었습니다. 그러면서 이 영성 시리즈는 이 코로나 팬데믹이 가져온 교회의 위기 속에서 새 시대의 부흥전략으로 새 판짜기를 하는 데 사용하는 교재로 준비시켰다는 확신이 들었습니다. 그래서 제8권은 앞의 7권을 사용하는 매뉴얼도 된 셈입니다.

이미 언급된 것처럼 이 책은 매주 소그룹에서 코이노니아 모임을 가지면서 한 달에 한 번씩은 이 시리즈의 책을 차례로 한 권씩 읽고 서로 나누고 적용을 다짐하는 일종의 학습과 적용의 모임으로 하면서 진행하며 사용하기를 권장합니다.

이 책을 사용하시는 모든 분들께 주님의 성령께서 함께하시기를 기도합니다. 아울러 미리 읽어 고견을 주시고 추천서를 써 주신 황덕형 서울신학대학교 총장님, 김정호 바나바훈련원 원장님, 지형은 성락교회 담임 목사님, 송재기 전 전국대학교수 선교연합회 회장님, 이상식 계명대학교 교수님, 유정민 캠바훈 대표님께 감사드리고 출판해 주신 쿰란출판사 대표 이형규 장로님을 비롯한 직원 여러분께 감사드립니다.

2020년 9월
이강천

차
례

추천사_ 황덕형(서울신학대학교 총장) • 2
　　　　 김정호(바나바훈련원 원장) • 4
　　　　 지형은(말씀삶공동체 성락성결교회 목사) • 7
　　　　 송재기(경북대학교 교수/전국대학교수 선교연합회 회장 역임) • 12
　　　　 이상식(계명대 언론영상학과 교수/Visual Worship Institute Korea 대표) • 15
　　　　 유정민(캠바훈 대표) • 18

머리말 • 19
프롤로그 • 24

　　1. 왜 신유 영성인가? … 25
　　2. 치유 사역은 본질적 사역인가? … 33
　　3. 치유 사역으로의 보편적 접근 가능성 … 39
　　4. 치유의 근거 / 치유의 메시지 … 53
　　5. 치유의 세계 … 67
　　6. 치유 기도의 성격 … 106
　　7. 치유를 위한 기도 … 115

프롤로그

- 선생님, 오늘은 어디로 가시기에 새벽에 나오라 하셨어요?
- 당진 왜목마을로의 여행이고, 영적으로는 신유 영성의 세계로 가려고 하네.
- 왜목마을을 찍고 가면 되나요?
- 그렇다네.
- 왜목마을엔 이 새벽에 뭐가 있나요?
- 일출을 찍을 것일세.
- 왜목마을은 서해안 아닌가요? 일몰이 아니고 일출이라고요?
- 서해안에서 일출 사진을 찍을 만한 곳이 몇 군데 있지만 여기가 최고의 포인트일 걸세.
- 새벽잠 깨어 눈 비비느라고 좀 짜증날 뻔했는데, 기대가 되는군요.
- 그런데 영적으로는 신유 영성의 세계라 하셨나요?
- 그래.

1
왜 신유 영성인가?

- 선생님, '신유 영성'이란 말은 처음 듣는 말인 것 같은데요?
- 그렇지? 자네들 영성 훈련 교재에 신유, 또는 치유 영성을 다룬 교재가 있는 것을 본 적이나 들은 적이 있나?
- 전혀 없어요. 성경적 영적 치유라든지, 내적 치유라든지 하는 말은 들은 적 있고 그런 책도 있는 것으로 알지만 캠퍼스 훈련 교재에 치유 영성 또는 신유 영성 과목이 있다는 것은 본 적도 들은 적도 없습니다. 그런데 선생님은 이 주제를 다루어야겠다고 생각한 특별한 계기가 있습니까?
- 몇 가지 이유가 있지.
- 우리가 신유 영성이란 이 주제를 다루어야 하는 이유에 대해 아직 저는 이해가 안 되는데요. 하나하나 설명해 주시지요. 신유 영성이란 주제의 필요성이나 중요성을 알 수 있게 가르쳐 주세요.

- 첫째는 신유, 하나님의 병 고침의 역사를 예수님은 자신의 메시아적 사역으로 생각하고 소중하게 여겼으며, 심지어 병 고침의 사역이 자신이 메시아임을 증거하는 증표로 여겼다는 점이지. 세례 요한이 사람을 보내어 예수님이 자기들이 기다리던 메시아인지 다른 이가 메시아로 올 것인지를 물었을 때 예수님은 병든 자를 고치는 일이 자신이 메시아임을 나타내는 것이라는 점을 말하도록 하셨던 것이지.

> **마 11:2-5** 요한이 옥에서 그리스도께서 하신 일을 듣고 제자들을 보내어 예수께 여짜오되 오실 그이가 당신이오니이까 우리가 다른 이를 기다리오리이까 예수께서 대답하여 이르시되 너희가 가서 듣고 보는 것을 요한에게 알리되 맹인이 보며 못 걷는 사람이 걸으며 나병 환자가 깨끗함을 받으며 못 듣는 자가 들으며 죽은 자가 살아나며 가난한 자에게 복음이 전파된다 하라

- 그렇다면 병 고치는 그런 기적을 행하는 능력이 하나님이 보낸 메시아임을 증언하는 증표라고 말씀했다는 것이지요?
- 잠깐, 많은 사람들이 오해하는 포인트인데, 성진이도 역시 오해하는군.
- 무엇을 오해한다고요?
- 예수님이 병 고침의 역사를 자신의 메시아 됨을 나타내는 표징이라고 말씀하실 때 중요한 포인트는, 첫째는 이것이 이사야 선지자

를 통하여 예언한 메시아의 사역이라는 점이고, 둘째는 **병을 고치고 기적을 행하는 능력을 이야기하기보다는 그러한 고통당하는 자들, 불쌍한 자들을 불쌍히 여기고 구원하는 사랑의 행위에 초점이 있다는** 것을 알아야 해.

- 메시아로서의 표징은 능력이 아니라 사랑이라고요?
- 물론 능력도 부정할 필요는 없겠지만 중요한 포인트는 사랑이라는 거야.
- 그러니까 예수님이 병든 자를 고칠 때 "보아라, 나는 병 고치는 능력도 있느니라"고 능력을 나타내는 행위로서가 아니라 "보아라, 이 병든 자들이 얼마나 불쌍하냐? 그를 구원하고 고치고 해방해야 하지 않겠느냐?" 그런 차원에서 병 고치는 사역을 행한 것이고, 그것이 그 **사랑의 화신이 메시아임을 증언하는 표징**이라는 말씀이지요?
- 그렇다네. 그렇다고 능력을 배제해야 한다는 뜻이 아니고 **본질은 사랑이라는** 뜻이지.

> **마 14:14** 예수께서 나오사 큰 무리를 보시고 불쌍히 여기사 그중에 있는 병자를 고쳐 주시니라

예수님의 병 고침의 사역은 능력을 나타내려는 의도가 아니라 불쌍히 여기는 마음, 사랑 때문에 행하게 된 사역이라는 말이지. 그리고 **우리가 메시아적 공동체, 서로 사랑하는 공동체로서 살아**

가는 교회요 그리스도인이라면 사랑의 행위로서의 병 고침을 위한 사역이나 적어도 병 고침을 위한 기도는 매우 중요한 코이노니아 공동체의 삶의 요소가 될 것이 아니겠는가?

- 그래서 그런지 4복음서 모두 살펴보면, 예수님의 병 고침의 사역이 아주 많이 기록되고 있고 예수님은 병든 자를 보고 고치지 않고 넘어가신 적이 없는 것 같더라고요.
- 맞지? 그래서 예수님의 3대 사역 가운데 치유 사역이 들어가 있기도 하지. 가르치는 사역, 복음 전도 사역, 병 고치는 사역 그렇게 말이야.

> **마 9:35** 예수께서 모든 도시와 마을에 두루 다니사 그들의 회당에서 가르치시며 천국 복음을 전파하시며 모든 병과 모든 약한 것을 고치시니라

- 아, 이 말씀을 보면 예수님의 사역에서는 그 순서상 세 번째로 기록하고는 있지만 가르치는 사역이나 복음 전도 사역이나 치유 사역이 동일한 중요성을 갖는, 예수님의 본질적인 사역의 하나로 기록하고 있는 것 같은데요?
- 맞아. 예수님의 사역 중 본질적인 사역이었어. 자 형제들, 나는 여기서 치유 사역이나 신유 영성을 교리적으로 신학적으로 토론하고 싶은 생각이 없어. 경험적 간증을 나누고 싶은 것이지.
- 잠깐만요. 선생님, 간증을 해주시기를 바라는데 그 전에 궁금한 게 있어요.

- 뭐가?
- 우리의 이번 주제를 신유 영성이라고 하였는데, 이야기하다 보니 '치유'란 말을 많이 쓰는데요? 치유 영성이라 하지 않고 신유 영성이라고 하신 이유가 있나요?
- 좋은 질문이야. 치유 영성이라 해도 무방하지. 그러나 치유라면 인간 의술로 고치는 것도 치유이고 심리 치유도 치유이고…. 그런데 신유라고 부르는 것은 이러한 인간적인 수단이나 방법에 의한 치유보다는 하나님의 성령으로 역사하는 치유 즉 전적으로 하나님의 치유에 의존하는 치유라는 의미로 '신유'(神癒/하나님의 치유/Divine Healing)라고 쓰기로 한 것뿐이네. 우리가 이야기할 때는 치유를 목표로 하니까 치유라는 말을 쓰되 **영성으로 하면 하나님의 은혜에 의존하는 치유를 의미**하는 것이지.
- 네, 알겠습니다. 이제 간증으로 풀어 주시지요.
- 내가 바나바훈련원에서 사역을 할 때 주일날이면 어느 교회에서 설교 초청을 받는 날을 제외하고는 가까운 교회에 출석하며 예배를 드렸지. 한번은 마침 그 교회의 담임 목사가 "예수님의 3대 사역"이라는 주제로 3주 연속 시리즈로 설교하는 것을 듣게 되었지.
- 우리가 방금 전 인용한 마태복음 9장 35절 말씀이 본문이었겠네요?
- 그랬지. 거기 순서대로 설교하더군. 맨 먼저 가르치는 사역에 대하여 설교하는데 예수님의 가르치는 사역의 특징들과 중요한 진리들에 대하여 설명한 후 적용하면서 "우리 교회에서 나의 목회 중

에도 가르치는 사역을 중요하게 여기고 성경 공부반을 열고 또 제자훈련반도 열려고 하니 여러분, 다 와서 배우고 또 다른 사람들을 가르칠 수 있기를 바랍니다." 그렇게 적용하더라고.

- 즉각적이고 훌륭한 적용 아닌가요?
- 좋았지. 그리고 다음 주에는 복음 전도 사역에 대하여 설교하고 또 적용으로 "우리 교회는 우리 모두 전도하는 교회, 전도하는 성도가 되게 하기 위하여 매주 목요일을 전도의 날로 선포하니 그날은 나와서 전도하도록 헌신하시기 바랍니다." 그러더군.
- 시골교회에서 그 정도만 해도 훌륭한 적용이군요?
- 그다음 주에는 이제 병 고침의 사역에 대하여 설교하는데, 예수님의 병 고침의 사역들을 예로 들면서 사역의 특징, 사역의 방식 등을 이야기하더니 "예수님은 하나님의 아들로서 이러한 병 고치는 능력도 행하셨습니다. 우리에게는 그러한 능력이 없어서 좀 아쉽기는 하지만 다행이 의술이 발달한 시대에 살고 있는 것이 감사하지요. 그리고 오늘날 교회는 병 고치는 일이 본질적인 것은 아니니까요. 열심히 전도하고 하나님의 말씀을 가르치는 일에 집중하기로 합니다." 그러더라고….
- 치유 사역은 갑자기 적용이 없군요? 그리고 아예 본질적인 사역이 아니라고 지우고 가네요?
- 그렇지? 그래서 그 설교를 들으면서 내게 큰 고민이 생기고 부담이 생겼어. '치유 사역은 본질적인 사역인가, 선택적인 사역인가?' 하는 질문에 대한 대답을 얻어야 한다는 부담이 생긴 거야. '내가

이 설교를 한다면 나는 어떤 적용을 제시했을까? 나도 현대 의학이 발달해서 교회가 치유 사역을 안 해도 되는 것이 감사하다고 결론지을 것인가?' 그날부터 나는 이 질문에 내가 대답을 할 수 있을 때까지는 잠이 잘 오질 않을 것 같다고 느꼈지.

- 잠이 오지 않을 것 같다고 느끼기만 했나요? 실제로 잠이 안 오시던가요?
- 지원이도 참 짓궂게 거기까지 묻는가?
- 아, 죄송합니다. 하여튼 선생님께 그 질문이 심각한 부담이 되었다는 말씀으로 이해하겠습니다.
- 자네들은 어떻게 생각하나? 뭐, 부담 느끼지 않는가?
- 저야 평신도로 살아갈 사람이니 큰 부담을 느끼지 않는데요. 지원이 형은 부담을 느낄 것 같군요.
- 평신도라고 빠져 나가지 말라고. 우리는 동일한 하나님의 자녀요 예수님의 제자야.
- 하여튼 치유 사역은 본질적인 사역은 아니라고 버리고 가는 것은 아닐 것 같은데요? 그렇다고 막상 치유 사역을 하겠다고 덤비기도 두렵고요.
- 대체로 오늘날 목회자들이 치유 사역의 경험이 없기에 치유 사역은 아예 사이드로 밀어 버리려는 경향이 있는 것 같아. 신유의 은사가 없는 사람은 아예 치유 사역에 겁을 먹기도 하는 것 같고. 그러나 '최소한 이렇게 적용을 이야기했으면 얼마나 좋을까?' 하는 생각은 들더라고.

- 어떤 적용을요?
- "예수님은 병든 자를 보시면 불쌍히 여기시고 고쳐 주셨습니다. 우리도 우리 가운데 병든 자를 볼 때면 불쌍히 여기고 긍휼히 여기는 사랑의 간절함으로 하나님께 고쳐 달라고 기도해야 하겠습니다. 그래서 우리가 금요일마다 심야 기도회를 하고 있는데, 한 달에 마지막 금요일에는 치유를 위한 기도회로 하겠습니다." 이 정도는 해야 하지 않겠는가? 그런 생각을 하면서 다시 이야기하지만 치유 사역이 본질적인 것이냐, 부수적인 것이냐의 질문은 내 숙제가 되었지.
- 선생님 말씀을 듣고 보니 그러네요. 우리는 병 고치는 능력이 있든 없든 병 고치는 능력을 가지신 하나님께 고쳐 달라고 기도는 할 수 있으니까요. 최소한 치유를 위한 기도회를 할 수는 있는 것 같은데요?
- 다시 말하지만, 치유 사역을 능력의 차원으로 접근하려고 하면 신유의 은사가 없는 사람은 엄두도 못 내. 하지만 치유 사역을 사랑과 구원이라는 차원으로 접근하면 치유를 위해서 사랑의 간절함으로 기도할 수 있어.
- 아, 능력이 있느냐 없느냐를 따지지 말고 사랑하는 마음으로 기도하라는 말씀인가요?
- 우선 그러면 될 것 아니겠는가?
- 그렇네요. 그런데 치유 사역이 본질적인 사역이냐, 부수적인 사역이냐의 질문에 대한 대답은 무엇이었나요?

2
치유 사역은 본질적 사역인가?

- 우선 사복음서를 비롯하여 사도행전을 좀 자세히 살펴보았지.
- 거기서 어떤 결론을 얻었나요?
- 처음에는 즐겁지는 않지만 치유 사역이 본질적 사역인 것 같다는 생각을 지울 수가 없었어.
- 그게 왜 즐겁지 않은 생각인가요?
- 내가 치유 사역을 해본 경험이 없고, 치유 사역에 자신이 없고, 치유 사역 하면 나와는 거리가 먼, 아니면 적어도 멀리하고 싶은 일이었기 때문이지.
- 자신은 없고 하고 싶은 일은 아니어도 본질적인 사역, 교회가 꼭 해야 하는 사역인 것 같다고 느낄 때의 부담감을 상상해 보는데요. 저도 상당히 부담이 될 것 같네요. 그런데 본질적인 사역임을 부인하지 못할 무엇이 발견되었나요?

치유 사역은 예수님이 행한 본질적인 사역이다

- 첫째는 이미 본 대로 예수님이 치유 사역을 본질적인 사역으로 하셨다는 사실이지. 앞에서 우리가 본 것처럼 치유 사역은 예수님의 가르치는 사역과 복음 전파 사역과 더불어 늘 행하신 3대 사역 중 하나로서 그것이 구원 사역의 일환이요 메시아 사역의 일환이라는 점이야.

> **마 8:16-17** 저물매 사람들이 귀신 들린 자를 많이 데리고 예수께 오거늘 예수께서 말씀으로 귀신들을 쫓아내시고 병든 자들을 다 고치시니 이는 선지자 이사야를 통하여 하신 말씀에 우리의 연약한 것을 친히 담당하시고 병을 짊어지셨도다 함을 이루려 하심이더라

예수님께서는 병든 자들을 다 고치셨고 이 병 고침의 사역이 이사야 예언자가 예언한 대로 "우리의 연약한 것을 친히 담당하시고 병을 짊어지셨도다 함을 이루는" 구원자의 사역이었다는 거야.

- 정말 그런데요? 야, 이거 도망가고 싶어도 도망갈 수 없는 것 같아요. 적어도 예수님에게 치유 사역은 구원 사역의 과정인 본질적인 사역이었다는 것이니, 치유의 능력이 있느냐 없느냐를 떠나서 우리가 진지하게 생각할 문제인 것 같네요.

치유 사역은 예수께서 제자들에게 명하신 본질적인 사역이다

- 그다음 둘째는 예수님께서 그 제자들에게 치유 사역을 명하시고 맡기셨다는 사실이지. 예수께서 제자들을 전도 훈련 내지 제자 훈련을 하실 때 병든 자를 고치고 귀신을 제어하는 권능을 주시기도 하시면서 가서 복음을 전하되 병든 자를 고치라고 하셨거든.

  > **마 10:1** 예수께서 그의 열두 제자를 부르사 더러운 귀신을 쫓아내며 모든 병과 모든 약한 것을 고치는 권능을 주시니라

  > **마 10:7-8** 가면서 전파하여 말하되 천국이 가까이 왔다 하고 병든 자를 고치며 죽은 자를 살리며 나병 환자를 깨끗하게 하며 귀신을 쫓아내되 너희가 거저 받았으니 거저 주라

  > **눅 9:1-2** 예수께서 열두 제자를 불러 모으사 모든 귀신을 제어하며 병을 고치는 능력과 권위를 주시고 하나님의 나라를 전파하며 앓는 자를 고치게 하려고 내보내시며

- 그렇군요. 당시에 제자들에게 명하시고 맡기신 일이라면 지금도 우리가 그 명령을 받고 그 위임을 맡고 있는 것 아닌가요?
- 그래서 나는 점점 괴로워지고 있었던 거야. 이 제자들에게 명하신

일은 일회적인 것인가? 지금도 예수님의 제자라면 받들어야 하는 명령인가? 지금은 아니라고 하고 싶으나 그럴 만한 근거는 없고 말이야.

- 우리가 현대 의술을 사용하기는 하지만 "치유는 의사에게 맡기고 교회는 가르치는 일과 복음 전도하는 일만 하면 된다." 그렇게 말할 근거도 없으니 안 할 수 없는데, 할 능력은 없는 것 같고…. 그래서 고민하게 되었다는 말씀이지요?
- 그랬다니까.
- 선생님의 양심이 살아 있었다고 보아야 하는지, 괜히 혼자 짐을 다 지는 척한 것인지는 모르겠는데요. 요즘 제가 주변에서 보는 목사님들은 그런 고민도 없어요. 교회를 통하여 치유 사역이 전혀 안 되고 있어도 그러려니 하지, 무슨 고민을 하는 것 같지는 않던데요?
- 아마 속으로는 고민하고 있을 거야.
- 그럴까요?
- 경험이 없고 자신이 없어 못하는 것이지. 해야 한다는 사실 자체를 부정하고 있지는 않을 것이고, 해야 하는데 못하는 내심의 고민은 느끼고 있을 것이네. 요즘 목사님들을 너무 그렇게 보지 말게.
- 아, 죄송합니다. 수정하겠습니다.

치유 사역은 초대교회가 행하였던 본질적인 사역이었다

- 게다가 사도행전에 보니 초대교회는 치유 사역을 행하고 있었고 복음이 전해지는 곳에서 언제나 치유 사역은 자연스럽게 행해지고 있었다네요. 베드로 사도는 못 걷는 자를 고쳐 걷고 뛰게 하였고(행 3:1-10), 심지어 베드로가 지날 때 그림자라도 덮일까 바라며 병든 자들이 베드로를 기다리는 모습을 보이기도 하고(행 5:15), 예수님이 그러신 것처럼 모든 병자를 고쳤다는 기록이 있어요.

    행 5:16 예루살렘 부근의 수많은 사람들도 모여 병든 사람과 더러운 귀신에게 괴로움 받는 사람을 데리고 와서 다 나음을 얻으니라

- 바울 사도도 치유를 많이 행하니까 차례가 더디게 오거나 만날 기회가 없을 것 같은 병자를 위하여 바울 사도의 손수건을 가져다 올려놓으면 낫기도 했다고 하지요?

    행 19:12 심지어 사람들이 바울의 몸에서 손수건이나 앞치마를 가져다가 병든 사람에게 얹으면 그 병이 떠나고 악귀도 나가더라

- 그래, 사도들만이 아니라 집사님들도 치유 사역과 복음 전도 사역을 동시적으로 행했어.

행 8:4-8 그 흩어진 사람들이 두루 다니며 복음의 말씀을 전할새 빌립이 사마리아 성에 내려가 그리스도를 백성에게 전파하니 무리가 빌립의 말도 듣고 행하는 표적도 보고 한마음으로 그가 하는 말을 따르더라 많은 사람에게 붙었던 더러운 귀신들이 크게 소리를 지르며 나가고 또 많은 중풍병자와 못 걷는 사람이 나으니 그 성에 큰 기쁨이 있더라

- 초대교회에서도 전도와 치유가 동시적으로 행해졌네요?
- 그렇지. 그러니 내 마음은 몹시 무거운 부담감으로 짓눌리게 되었어. 성경을 확인하면 확인할수록 치유 사역이 본질적인 사역이라는 것을 부정할 수 없는데, '어떻게 치유 사역을 해야 하나?' 하는 부담감, '내가 목사들을 가르치는 목사로서 목사들에게 어떻게 교회에서 치유 사역을 하라고 해야 하나?' 하는 부담감이 매우 컸었지.
- 그 부담감을 어떻게 극복하고 행하게 되었나요? 우리에게도 현실적인 문제인데요? 그리고 흥미로워지고 기대감이 드는데요?

3
치유 사역으로의 보편적 접근 가능성

- 나도 치유 사역을 못 하지. 또 내게는 많은 목회자들이 훈련 받으러 오는데, 저들도 치유 사역에는 자신감이 없다는 것을 아는 나로서는 큰 부담감을 가지고 씨름할 수밖에 없었어. 그런데 하나님께서 깨달음을 주시면서 격려하시는 것을 알게 되었고 치유 사역에 대한 두려움을 없애 주시는 은혜를 받았는데, 그 내용은 몇 가지 확신을 얻는 깨달음이었지.
- 그 깨달음을 어서 나누어 주세요.

성령의 은사와 직임과 역사에 대한 이해

- 첫째 깨달음은 이미 성령 영성, 은사 부분에서 다루었는데 은사와 관련하여 은사와 직임과 역사, 성령의 삼중적 은혜의 역사에 대한

이해이지.
- 그게 치유 사역과 무슨 상관인데요?
- 많은 경우 치유 사역은 병 고침의 직임이나 은사를 받은 사람만이 할 수 있다고 생각하고 은사를 받지 못한 사람은 아예 치유 사역을 시도조차 하지 못한다는 것이 우리의 현실이거든.
- 그건 사실인 것 같아요.

- 선생님, 다 왔습니다.
- 길가에 차를 주차하고 모래사장을 가로질러 바닷가로 가자고.
- 선생님, 저쪽에 여명이 밝아오네요?
- 아주 때맞게 잘 도착했군. 우선 여명과 일출을 감상하며 카메라에 담기로 하지.
- 선생님, 긴 렌즈를 사용하시네요? 그리고 렌즈 방향을 보니 저 앞에 바위 봉우리가 두 개 있고 그 사이에 작은 바위 하나가 송곳처럼 솟아 있네요?
- 응, 바로 그 송곳 같은 바위 위로 올라오는 태양을 넣고 사진을 찍으면 재미있고 아름답지.
- 벌겋게 달아오르는 것을 보니 곧 해가 올라올 모양입니다.
- 응, 그러네. 그런데 날씨가 운무가 많은지 해가 송곳 위로 좀 많이 올라와야 보일 것 같네.
- 드디어 해가 나왔습니다.
- 오케이, 셔터를 눌러야지. 그런대로 멋진 사진을 잡았네.

- 아, 멋져요.
- 선생님, 아까 이야기를 이어주시지요. 어떻게 치유 사역에 용기를 내게 되었는지 궁금해요.
- 그런데 은사나 직임이 아니라도 성령의 역사가 있다는 사실이 용기를 주었어. 내게 병 고침의 은사나 직임이 없다고 해도 기도하면 응답의 역사로 병 고침의 역사가 있다는 것이니, 은사가 없어서 못한다고 하는 것은 맞지 않다는 것이고 은사가 없어도 가능하다는 거야. 성진이도 다인이도 지원이도 할 수 있는 거야.
- 아이고, 우리보고 치유 사역을 하라고요? 부담되는데요?
- 물론, 우리가 신유의 은사를 받으면 훨씬 좋아. 지난번에 잠시 귀국한 선교사님 부부와 여기 일출 보러 온 적이 있었어. 나는 그때 이 바닷가에 나와 삼각대와 카메라를 세팅하여 일출을 기다리고

있었는데, 이 선교사 부부가 새벽바람에 좀 추위를 느꼈던 모양이야. 세워두었던 차를 이 모래밭으로 끌고 들어왔어.
- 왜 모래밭으로 차를 끌고 와요?
- 추우니까 차 안에서 일출을 감상하려 했던 것 같아.
- 그래서요?
- 그런데 그 차가 모래에 빠져 움직일 수 없게 된 거야.
- 저런, 무슨 차였는데요?
- 차 중에 제일 작은 소형차 모닝이었어.
- 사륜구동 차면 혹시 모를까…. 모닝을 이 모래밭에 끌고 왔으니 빠질 수밖에 없었겠지요?
- 여럿이 밀어 봐도 차를 꺼낼 수 없어서 결국 보험사에 연락하고 보험사가 보내는 레커차가 와서 끌어내게 되었지.
- 다행이네요.
- 그런데 그 레커차 기사가 일을 하면서 자주 어깨와 등이 아픈 모양을 하는 거야.
- 어디가 아팠던 모양이네요?
- 선교사가 묻더군, "어디 아프세요?" 그러자 그 기사가 "네, 제가 어깨 디스크가 있어 가지고…. 아이, 고통스럽네요." 대답하더라고.
- 그래서요?
- 그러자 선교사님이 "제가 선생님의 디스크를 고쳐 달라고 기도해 드릴까요?" 하고 묻더군.
- 예수 믿는 기사였나요?

- 그 기사 대답이 "저는 예수 믿는 사람이 아닌데요?" 하는 거야. 그러자 선교사님이 "뭐, 믿든 안 믿든 우선은 상관없어요. 제가 좀 만져 드릴게요." 그러더니 그의 어깨를 만지면서 나지막이 기도하더라고.
- 그래서요?
- 그러더니 그 기사가 "어, 안 아픈데요?" 그러면서 어깨를 휘둘러보더라고…. 그러자 선교사님이 "예수님께서 선생님을 고쳤습니다." 그렇게 말하자 그는 "나는 예수님을 모르지만 선생님이 절 고치신 것은 틀림없습니다." 그렇게 대답하더군.
- 믿지 않는 사람인데, 즉시 나았다고요?
- 그랬어.
- 선교사님은 신유의 은사를 받은 분인 모양이네요?
- 그랬대, 그리고 선교사님이 그에게 복음 제시를 자세하게 하면서 전도하더라고.
- 아, 그러면 전도가 확실히 되겠네요?
- 그래, 하나님께서는 신유의 은사를 그 자녀들에게 주셔서 이렇게 능력 있게 전도하게 하신단 말이야. 그러나 모든 그리스도인들이 다 신유의 은사를 받지는 못하는 것 같거든. 그래서 나는 일단 '신유의 은사를 받아서 사용하면 너무 좋다. 그러나 신유의 은사가 없다고 치유 사역을 못한다는 생각도 바꾸라'고 가르치기 시작했어.
- 신유의 은사를 받으면 치유 사역에 자신감이 있겠네요. 그렇지만 신유의 은사가 없이는 자신감을 갖기가 어렵지 않나요? 더구나 우

리 평신도들이라면 더욱 그렇지요?

- 자네들, 하나님이 살아 계심을 믿나? 하나님은 병도 고치시는 능력이 있음을 믿나? 하나님께서 우리의 기도를 응답하심을 믿기는 하나?
- 적어도 교리적으로는 다 믿지요.
- 교리적인 믿음에서 살아 있는, 산 믿음으로 취하기만 하면 되지. 자, 보라고. 하나님이 살아 계시고 병도 고치는 전능자이고 그 전능자가 기도에 응답하시는 하나님을 믿는 사람들이 모였는데, 그 중에 병들어 고통받는 자가 있다면 기도해야 되나, 안 해도 되나?
- 기도해야 하겠지요?
- 그렇지. 그러면 치유는 하나님의 성령의 역사로 일어나는 거야.
- 아, 병 고침의 은사가 없어도 병으로 고통받는 형제를 보고 기도는 해야 하고 기도하면 성령의 병 고침의 역사를 응답으로 보게 된다는 말씀이군요?
- 그렇지 않은가? 교회는 코이노니아 공동체이고 코이노니아 공동체에서는 한 사람이 고통을 받으면 모두가 함께 고통하고 한 사람이 영광을 얻으면 모두가 함께 기뻐하게 되는 공동체가 아닌가? 그러면 병으로 고통받는 형제를 위한 기도는 당연하고 자연스러운 것이며, 하나님의 치유의 응답 또한 자연스럽고 확실한 것이 아니겠나?
- 그렇게 되면 소그룹 안에서나 교회 안에서는 얼마든지 치유 사역이 일어나겠는데요? 치유 사역을 너무 특별하고 어려운 것으로만

생각했던 것이 겁먹고 치유 사역을 못하게 한 원인인 것 같군요.
- 선생님, 감이 옵니다. 용기도 좀 생겨나고요. 또 다른 깨달음은 뭔가요?

능력이 먼저가 아니라 사랑이 먼저다

- 그 연장선상에서 우리가 좀 전에 예수님의 병 고침의 사역이 능력을 보여주려는 것이 아니라 사랑의 행위였다는 점을 이야기하지 않았나?
- 그랬지요. 그래서 능력이 먼저가 아니라 사랑이 먼저라고 했지요?
- 교회는 코이노니아 공동체이고, 코이노니아는 사랑으로 이루어지고, 사랑의 중보기도는 코이노니아를 이루는 중요한 요소이므로 **능력은 없어도 사랑의 간절함으로 기도할 수는 있지 아니한가? 치유 사역을 능력으로 접근하지 말고 사랑으로 접근해 보자는 것일세.** '사랑하기 때문에 기도하자. 그러면 하나님도 우리를 사랑하시기 때문에 응답하실 것이다. 그러므로 병 고침도 성령의 역사로 일어나는 것이다.' 그렇게 생각하자는 것이지.

교회의 치유는 신유 즉 하나님의 치유다

그리고 또 하나의 원리는 같은 것의 다른 각도의 이야기이지만 우리가 말하는 교회에서의 치유는 신유 즉 하나님이 행하시는 치유라는 점이지. 병을 고치는 것은 내가 아니고 하나님이야. 전적으로 하나님에게 의존되어 있는 치유거든.
- 그래서요?
- 그런데 마치 내가 고치는 것처럼 생각하니까 나는 능력이 없어서 못한다는 생각을 하게 되는 것인데 '고치는 것은 하나님이 하시고 나는 기도하는 것이다' 이렇게 생각하면 쉽게 접근이 가능하고 또 반드시 해야 하는 것이 되기도 하지.

사도행전에서 베드로 사도가 날 때부터 못 걷던 사람을 일으킨 후 사람들이 놀라며 베드로와 사도들을 에워싸며 난리 치자 베드로가 사람들에게 한 말이 큰 힌트가 되었어.

> **행 3:12** 베드로가 이것을 보고 백성에게 말하되 이스라엘 사람들아 이 일을 왜 놀랍게 여기느냐 <u>우리 개인의 권능과 경건으로 이 사람을 걷게 한 것처럼 왜 우리를 주목하느냐</u>

- 우리 개인의 권능과 경건으로 이루어진 것이 아니라고 말하네요?
- 그렇지? 그런데 잘 보라고. 병 고침의 역사가 개인 베드로 자신의 권능으로 이루어진 것이 아닐 뿐 아니라 개인의 경건으로 이루어진 것도 아니라고 말하지 않나? 우리는 보통 이렇게 생각하지. '아이 뭐, 내가 신유의 은사도 없고 기도를 많이 하는 사람도 못 되는데, 내가 기도한다고 병자가 낫겠나?' 이렇게 생각하기 때문에 아예 병 고침의 사역은 고사하고 기도조차도 시도하지 않거나 기

도해도 그냥 '먼 훗날에 응답하실지도 모르지' 하면서 기도하는 모습이 아니던가?

- 그런데 병 고침의 역사가 베드로 자신의 권능이 아니고, 베드로가 기도 많이 하는 경건한 사람이라 가능했던 것이 아니고, 전적으로 예수 이름의 권세요 하나님의 은혜의 역사라고 말하고 있는 것이군요?

- 그렇지 않은가? 그러니 '나 같은 사람도 용기를 내어 전적으로 하나님을 믿고 기도해 보자', 그런 용기가 나게 된 것이라네. 기도했는데 설령 안 낫는다 해도 그것은 내 능력 밖의 일이고 내 책임도 아니지. 나는 기도했고, 고치고 안 고치는 것은 하나님이 하실 일이지. 안 낫는 것이 내 책임은 아니니까, 기도하기도 전에 '기도하고도 안 나으면 어쩌지?' 하는 두려움에 사로잡히지 말아야겠다는 생각이 용기를 주더라고….

- 꼭 우리 마음을 알고 우리보고 하시는 말씀 같아요.

- 아마 수치로 나타내기 어렵지만 적어도 90% 이상의 평신도들과 60% 이상의 목회자들의 생각을 대변한다고 보아야겠지? 하나님은 바로 이러한 평범한 목회자와 성도들을 염려하는 마음으로 이 문제에 접근하도록 인도해 주셨어. 그래서 내가 말하는 치유 사역은 특별한 은사 받은 사람들만 할 수 있는 것이 아니라 누구라도 할 수 있는, 어느 교회에서라도 할 수 있고, 어느 코이노니아 모임에서도 할 수 있는 치유 사역의 가능성을 열어주는 것이었어.

- 그래서 적용하여 경험하신 것이 있나요?

치유 사역의 소그룹 적용

- 내가 운영하던 바나바훈련원에서 바로 적용하기 시작했지. 초기에는 훈련생이 많지 않고 아마 그때 15명 정도이니까 둘러앉아서 공부도 하고 기도도 하고 하던 시절이니, 자연스럽게 소그룹 모임 같았지.
- 그래서 처음 적용한 것이 소그룹에 적용하신 셈이네요?
- 그랬지. 하루는 강의를 하고 나서 각자 기도제목을 나누는데, 한 여전도사님이 (그때 50대쯤이었나?) 유방암 판정을 받고 수술 날짜를 받아 놓고 왔는데, 수술이 잘되어 잘 치료되도록 기도해 달라고 기도제목을 내어 놓았어.
- 고침 받게 기도해 달라는 게 아니고 수술이 잘되게 해달라고 기도해 달라는 것이에요?
- 그러더라고. 그래서 내가 용기를 내어 "여러분, 우리 일단 오늘 전도사님의 유방암 질병을 고쳐 달라고 하나님께 기도합시다." 그렇게 말하고 모두 일어나 그분에게 사랑의 손을 얹고 간절한 부르짖음으로 함께 기도했지.
- 통성기도를 했나요?
- 응, 통성기도한 다음에 감사기도로 내가 마무리 기도를 했지. 기도를 마치자 "아멘" 하면서 그 전도사님이 그냥 무슨 믿음이 왔는지 선포하더라고. "주님께서 오늘 저를 치료하셨습니다. 여러분, 감사합니다. 여러분의 기도를 주님께서 응답하셨습니다. 할렐루야."

- 환자 본인이 그렇게 선포해요?
- 응, 그러더라고. 훈련원에서는 한 달에 한 번씩 모여 3박 4일씩 훈련하니까, 그 후에 집으로 돌아갔고 한 달 후에 다시 모였어. 그런데 그 전도사님이 건축 헌금이라며 헌금을 준비해 오셨더군. 수술 날짜에 병원에 가서 다시 한 번 확인한 후에 수술하도록 요청해서 재검사를 하게 되었는데, 의사들이 믿어지지 않는다며 모두 놀라며 하는 말이 "암이 흔적 없이 사라졌다"라고 하더래. 그래서 수술비, 병원 입원비로 준비해 놓았던 것을 바나바훈련원 건축 헌금으로 가져왔다고 하며 드리더라고.
- 그때 선생님이 안수 기도한 것이 아니고 훈련생들과 함께 기도했다고 하셨나요?
- 그랬어. 그 뒤로 우리는 용기를 더 얻었고 우리 훈련원에서는 강의하다가도 아픈 사람이 보이면 강의를 중단하고 고쳐 달라고 사랑의 중보기도를 하는 게 우리의 문화처럼 되었지. 치유 사역을 특별한 사역으로 생각하지 말게나. 자네들 학교에서 소그룹 모임을 하고 있지 않나? 그 안에서 우선 경험하라고…. 지체들 중에 아픈 사람이 생기면 모두 합심해서 사랑의 간절함으로 중보기도하고 치유 받게 하라고. 그리고 교회에서 구역이나 목장 등 소그룹에 참여하거나 지도할 때 그렇게 하게 하여 신유 영성이 경험되면 기도가 매우 실제적이고 살아 움직이는 경험을 하게 되지.
- 그렇겠네요. 그런데 우리 학교의 모임에서는 다 젊은 사람들이고 건강해서 병 고쳐 달라고 기도하는 일이 자주 있지는 않아요.

- 그것도 감사한 일이지만 아픈 경우가 생기면 사랑과 믿음으로 기도하는 거야. 한번은 훈련원이 청주로 이사한 후에 규모가 조금 커져서 약 30명이 훈련을 하게 되었는데, 강의하다 보니 목사 한 분이 어디가 아픈지 몸을 뒤틀고 아픈 표정이 역력하여 물었지.
"목사님, 어디 편찮으십니까?"
"네, 이틀 전부터 아파서 병원에 갔는데, 대상포진이래요. 고통스러운데 그래도 훈련받을 욕심으로 오기는 했는데 힘드네요." 그러는 거야. 그래서 강의를 멈추고 "여러분, 공부도 좋지만 지체 한 분이 고통 중인데 먼저 하나님께 고쳐 달라고 기도부터 합시다." 그러고는 그분의 가까이 앉아 있던 분들은 그에게 직접 손을 얹고 나머지는 그를 향하여 손을 펴고 통성기도로 부르짖고 기도했지. 물론 마무리 기도는 내가 하고….
- 그래서 즉시 나았나요?
- 나았으니까 간증하시겠지요?
- 안 아프다며 강의 다 듣고 그날 훈련이 잘 진행되었지. 그런데 다음 날 아침 다시 강의 시간이 되었는데 그분 표정이 또 어둡고 불편한 표정인 거야. 그래서 내가 물었지. "목사님, 아직도 아프신가 봐요?" 그랬더니 대답이 "어제는 나았는데, 오늘 아침에 또 아프네요. 죄송해요."
- 난감했겠군요?
- 난감하기는…. 뭐, 그럴 경우도 있는 거지. 그래서 "오늘 다시 기도해야 하겠네요?" 하고는 또다시 합심하여 사랑의 간절함을 쏟아

부으며 더 열심히 기도했지. 그랬더니 또 괜찮다며 훈련에 임했어.
- 이제는 완전히 나은 것인가요?
- 선생님 말씀하시는 분위기가 아닌 것 같은데?
- 다음 날 아침, 다시 강의하러 나갔는데 그분이 또 불편해 보였어. 다시 물었지. "목사님, 아직도 아프세요?" "어제 기도 받고 괜찮았거든요? 그런데 오늘 아침에 일어나니 또 아파요. 정말 죄송합니다."
- 기도하면 하루만 견딜 힘을 주셨나 보네요?
- 그랬나 봐. 그러나 나는 실망하지 않고 또 했지. "여러분, 오늘 다시 기도합시다. 우리의 믿음이 부족했는지, 사랑이 부족했는지, 아니면 더 큰 은혜를 경험하게 하려는지 이 목사의 몸이 완치가 안 된 것 같으니, 오늘은 정말로 더 사랑을 쏟아 부으며 눈물로 기도하기로 합시다." 그리고 나서 다시 기도하였는데, 그날 나도 눈물로 기도하게 되었고 많은 형제들이 눈물을 경험하며 기도하게 되었어. 성령의 역사를 공동으로 경험하면서 기도 속에 들어가는 경험을 한 거야. 그 후에는 더 이상 아프지 않았고 그 목사님은 성령의 치유를 경험하고는 바나바 전도사가 되었어. 후배 목사들을 만나면 바나바훈련을 받으러 가라고 권하게 되었단 말이지.
- 더 깊은 사랑의 눈물 기도를 경험하게 하시느라고 여러 차례 기도하게 하신 모양이네요?
- 그랬나 봐. 훈련원이 커지고 훈련생 숫자가 늘어나서 60명씩 훈련하게 되자 강의는 60명을 상대로 한꺼번에 하지만 10명씩 조를 짜

서 소그룹 모임을 갖게 하고, 소그룹에서 기도 제목을 나누고 기도하도록 지도하였지. 소그룹에서도 서로 치유를 위한 기도를 반드시 하게 지도했고, 그 코이노니아 소그룹에서 병 고침을 받은 간증이 수없이 나오게 되었다네.

- 중요한 것은 **신유의 은사가 있느냐 없느냐 따지지 말고 성령의 응답의 역사를 믿고 지체를 사랑하는 마음으로 형제의 질병을 함께 짊어지고 하나님께 부르짖어 기도하는** 일이겠군요?

4
치유의 근거/치유의 메시지

- 그렇지. 나는 감사한 게 하나님이 나를 빚을 때에 나를 내적인 용기를 가지도록 만드신 것 같아. 해보지 않은 것을 과감히 해보는 용기를 말이야.
- 그건 또 무슨 말씀이에요?
- 목회자들에게 가르치는 자로서 교회에서 치유 사역이 시행되게 하려고 하니 아무리 말로 가르치고 소그룹 안에서 치유 경험을 하면서도 교회적으로 치유 기도회를 선뜻 열지 못하는 것 같더라고. '치유 기도회 한다고 광고해 놓고 기도회 하는데, 한 명도 낫지 않으면 어떻게 하지?' 하는 걱정부터 하는 것 같아. 그래서 결국 '이것도 내가 보여주지 않으면 안 되겠구나' 싶더라고….
- 백문이 불여일견이라고 하지 않아요? 백 번 들어도 한 번 보는 것만 못하다는 것이니 보여주면 훨씬 효과가 있겠지요?

- 그래서 여름 방학 특히 광복절 휴일을 이용하여 광복절 전후로 2박 3일의 '전인치유 수양회'를 바나바훈련원에서 열기로 하고 훈련받는 목회자들에게 교회 성도들을 데리고 참석하여 보고 듣고 경험하라고 했지. 한 번도 해보지 않은 것을 해보기로 용기를 냈던 거야.
- 한 번도 해보지 않은 '전인치유 수양회'를 열었다는 말이지요? 어디 치유 수양회에 가 보지도 않았는데 용기를 내신 것이에요?
- 그랬다니까.
- 그래서 얼마나 모였고 어떤 메시지를 전했나요?

하나님은 치료하시는 하나님이다

- 첫 번째 수양회에 약 400여 명 모였던 것 같아. 무슨 메시지냐고? 제일 먼저 선포한 메시지는 "하나님은 치료하시는 하나님이다" 하는 메시지였지. 이봐, 친구들아, 얼마나 감격스러운가? 우리가 믿고 따르는 하나님이 스스로 당신의 이름을 선포하시기를 "나는 치료하는 여호와다"라고 선포하셨다는 메시지를 우리는 가지고 있다는 게, 얼마나 영광스러운 사실인가?

> **출 15:26** 이르시되 너희가 너희 하나님 나 여호와의 말을 들어 순종하고 내가 보기에 의를 행하며 내 계명에 귀를 기울이며 내 모든 규례를 지키면 내가 애굽 사람에게 내린 모든 질병 중 하나도 너희에게 내리지 아니하리니

나는 너희를 치료하는 여호와임이라

- 이 본문을 설교하려면 하나님의 말씀을 듣고 순종하는 일, 하나님 보시기에 의를 행하는 일, 하나님의 계명에 귀를 기울이며 규례를 지키는 일에 대한 설교가 우선되어야 하지 않나요?
- 물론이지. 그러나 하나님의 이름이 '치료하는 여호와'라는 메시지는 얼마나 강력한 것인가? 성진이 말대로 하나님의 말씀을 듣고 순종하고 살아가는 삶에 대한 중요성을 설교하고서 그렇게 하나님 말씀을 따라 살 것을 다짐하면서 오늘 우리의 질병을 고치시는 하나님을 만나자고 했지. 그리고 이 '여호와 라파'에 대한 강조를 하면서 말이야. 생각해 보게, 구약에서 하나님의 이름이 '엘 하나님'과 '여호와'(야웨)가 주로 쓰이지 않나? 그런데 하나님의 이름이 여호와로 쓰일 때는 피조물인 우리를 만나 주시는 하나님, 보다 가까이 계신 하나님을 나타내는 이름이 아니던가? 게다가 여호와 이름은 형용사가 붙는 이름으로 자주 쓰이기도 하지. 예를 들면 '여호와 이레 / 준비하시는 하나님', '여호와 샬롬 / 평강의 하나님', '여호와 삼마 / 거기 계시는 하나님' 등과 같이 말이야.
- 그래서 뭐가 특별한가요?
- 여호와 이레, 여호와 샬롬, 여호와 삼마 등은 대체로 사람이 하나님을 경험하고 '내가 경험한 하나님이 그런 하나님이로구나' 하고 감격하며 부른 이름임에 비하여, 여호와 라파는 하나님이 친히 선포하신 이름이라는 차이가 있어. 그러니 같은 하나님 이름이라

도 더 강력한 메시지를 갖는 이름이 아니겠나? 한번 느껴봐. 하나님께서 자네들에게 오늘 말씀하시는 음성으로 들어보라고. "나는 너희의 질병을 치료하는 하나님이다." 이렇게 자신이 치료하는 하나님이라고 선포하면서 찾아오시는 하나님을 만나기만 하면 치유되지 않겠나?

- '여호와 라파'라는 그 이름 자체가 강력한 치유 메시지인데요?
- 그렇지 않나? 그래서 첫 치유 수양회에서 첫 메시지로 "하나님은 치료하시는 하나님이다" 하고 외쳤는데, 그 메시지에 아멘 하고 치유 받은 사람들이 나온 거야. 첫 메시지 설교가 끝나고 통성으로 기도하고 잠시 쉬는 시간을 갖게 되었는데, 그 쉬는 시간에 60이 넘으신 한 할머니 권사님이 "할렐루야"하고 기뻐하면서 강당을 여러 바퀴 뛰어 돌면서 춤을 추는 거야. 간증하는데 그 권사님은 무릎이 아파서 걷는 것도 불편했다는데, 말씀을 듣는 순간 '아멘' 하고 받았더니 무릎이 치유되었다며 그렇게 기뻐 뛰더라고⋯.
- 치료하시는 하나님이라는 메시지를 말씀 듣고 '아멘' 하고 즉시 치유되었다는 것이지요? 하, 대단한 역사로군요? 안수한 것도 아니고 기도한 것도 아니고 그냥 '아멘' 하고 나아요?
- 이봐, 자신이 치료하는 하나님이라고 선포하신 하나님이 그 하나님의 이름을 믿고 부르는 당신의 자녀들을 만나 주시면 병든 자는 고쳐 주실 것 아니겠는가? 바로 그 역사가 일어난 것이지. 치료하시는 하나님께서 그 자리에 임재하신 거야.
- 그래도 그렇지, 안수도 안 했는데 환자가 나았다는 이야기는 처음

듣는 이야기라서….

- 어허, 당신의 이름의 영광을 위해서 여호와 라파 하나님이 친히 역사하신 것이라는데…. 메시지를 선포하는 설교자가 하나님의 말씀을 믿음으로 선포하고 듣는 자가 믿음으로 들을 때는 바로 그 메시지의 하나님이 성령으로 와서 역사하는 거야. 나는 이 "여호와 라파 / 하나님은 치료하는 하나님이다"라는 메시지를 전하는 동안 하나님이 고치는 역사를 행하시는 것을 많이 보았다네. 물론 이 말씀을 붙들고 기도하면서는 더 많은 치유를 보았고 말이야. 한번은 조치원에 있던 선교사 훈련원에서 안식년으로 귀국해 있는 선교사들을 교파와 단체를 초월하여 초청하여 영성 수련회가 열렸는데, 강사로 초청되어 갔지. 가서 여러 메시지를 전하는 중에 선교사들에게 병이 많다는 것을 알게 되어 치유 받기를 원하는 사람은 자기 이름과 자기가 앓고 있는 병명을 적어 내라 했지. 그리고 바로 이 "여호와 라파 / 하나님은 치료하시는 하나님이다" 하는 메시지로 설교를 한 차례 했지. 설교가 끝나고, 적어낸 것을 보고 한 사람씩 이름을 불러 앞으로 나오도록 했어. 많지는 않고 내 기억에 7명 정도 되는 것 같았지. 이름을 부르는 대로 앞으로 나와서 앉게 하고 남은 인원의 사람들을 골고루 배분하여 둘러서서 공동으로 안수하며 치유를 위하여 기도하려고 했지. 그런데 허리 디스크를 앓고 있다고 써낸 선교사 한 분이 그 이름을 부르자 "저는 기도 안 받아도 됩니다. '하나님은 치료하시는 하나님이다'는 메시지를 들을 때 아멘 하고 받았는데 이미 치료되었습니다." 그렇

게 간증하더라고.

- 메시지 말씀만 듣고 아멘 하고 고침 받았다고요? 나머지는 어찌되었고요?
- 나머지는 말씀에 의지하여 치료해 달라고 공동 안수하며 부르짖고 기도하고 응답으로 또 여러 명이 치유 받았지. 터키에서 사역하는 선교사 부부는 그때 치유 받고 내가 시행하는 바나바훈련을 받겠다고 매달리더라고. 그다음 주에 개강하는데, 미리 신청은 안 했지만 받아 주어서 1년 동안 훈련 받았지. 그리고 말씀을 듣고 아멘 하고 허리 디스크가 나은 선교사는 바나바훈련원 훈련 시에 참관하러 왔다가 쉬는 시간에 훈련생들과 축구를 하더라고. 하나님이 고칠 때는 참 신기하고 재미있어.
- 선생님 간증을 듣다 보니 치유가 아주 쉽게, 그리고 일상적으로 일어난 것 같네요?
- 글쎄, 일상적으로라고 말할 수 있을지는 몰라도 하나님은 쉽게 치료하시더라고.
- 또 다른 메시지는 무엇인가요? "치료하는 여호와" 하나만 가지고 치유 집회를 하시지는 않았을 것 같은데요?
- 또 하나 강력하고 확신할 만한 메시지가 있지.
- 그것은 무엇인데요?

십자가는 질병도 지고 가신 것이다

- "예수님은 십자가 지실 때 죄는 물론 질병도 지고 가셨다"는 메시지이지.

  > **사 53:5-6** 그가 찔림은 우리의 허물 때문이요 그가 상함은 우리의 죄악 때문이라 그가 징계를 받으므로 우리는 평화를 누리고 **그가 채찍에 맞으므로 우리는 나음을 받았도다** 우리는 다 양 같아서 그릇 행하여 각기 제 길로 갔거늘 여호와께서는 우리 모두의 죄악을 그에게 담당시키셨도다

- 여기서 예언하는 치유는 인생이 치유된다는 큰 의미의 치유가 아닌가요?
- 물론이지. 그러나 질병의 치유가 포함된 것이지. 죄악으로 망가진 인생이 근본적으로 치유된다는 말은 맞아. 그러나 그 치유에는 육신의 질병조차 포함되는 전인적 치유라고 보아야 할 거야. 여기 "나음을 받았도다"로 번역된 말인 히브리어는 내내 '여호와 라파'에서 쓰던 그 '라파'(רָפָא 고치다, 치료하다, 건강하게 하다)라는 단어이거든. 그리고 마태복음을 보면 예수님의 치유 사역이 예언의 말씀을 이루는 과정이라고 말하면서 질병을 짊어지셨다고 말하거든.

  > **마 8:17** 이는 선지자 이사야를 통하여 하신 말씀에 **우리의 연약한 것을 친히 담당하시고 병을 짊어지셨도다** 함을 이루려 하심이더라

이 얼마나 능력 있는 메시지인가?
- 이 메시지도 '아멘'으로 받으면 바로 치유가 일어나겠는데요?
- 그렇지. 물론 예수님의 십자가는 우리의 죄를 지고 가신 것이 기본이지. 그러나 하나님이 말씀하시기를 병도 짊어지셨다는데 죄와 더불어 죗값으로 인류에게 내려졌던 질병도 짊어지고 가셨다고 선언한 것이므로 우리는 그렇게 믿는 것이지.
- 그렇다면 질병의 치유가 구원사역에 포함된다는 말이기도 한데요, 치유 사역이 메시아적 사역이라고 한 말과 맥락을 같이하는 것 같네요?
- 그렇지 않겠나? 한번은 그다음 해인가, 바나바훈련원에서 전인치유 수양회가 또 열렸는데, 이 십자가의 복음을 전하면서 동시에 질병도 지고 가신 예수님의 십자가의 은혜를 선포했지. 그때 부산 수영로교회 집사 한 분이 참석했던 모양인데, 이분은 교통사고 후유증으로 목 디스크와 허리 디스크 등으로 아픈 분이었대. 이웃 교회 목사님의 권유로 우리 훈련원 치유 수양회에 왔었다는데, 그 집회 시에 마침 에어컨이 고장 나서 한여름에 사우나 집회를 했었어.
- 그 여름에 에어컨조차 고장 났으면 과연 사우나 집회였겠군요?
- 그 집사님은 사업가였는데, 자기 사무실은 출근 전에 이미 냉방시설을 돌려 온도를 적절히 맞추어 놓으면 출근하는 분이었대.
- 에어컨까지 고장 난 사우나 집회였으니 그런 분이 견디기 힘들었겠군요?
- 그 해에는 인원도 더 많아 약 500명으로 입추의 여지없이 가득한

모임이었지. 사람은 가득 찬 곳에서 땀 냄새를 맡으며 너무 힘들어서 첫 시간이 끝나면 사라지려고 마음먹기도 했다는데 차마 그럴 수 없어서 견디고 있었다고 하더군. 그런데 십자가의 은혜는 죄를 지고 가셨을 뿐 아니라 질병도 지고 가신 것이라는 메시지가 선포될 때 큰 감동이 오면서 "그렇구나. 예수님이 나의 질병까지도 지고 가셨구나! 아멘, 할렐루야, 나는 오늘 해방되었도다." 그렇게 중얼거리게 되었다네. 순간 마치 따뜻하게 덥힌 벽돌을 목에 대어 주듯 온기가 돌면서 목이 풀리고 아픔이 사라지더라는 거야. 그 후로는 2박 3일간 너무 은혜로운 게 땀 냄새조차도 향기처럼 느껴지며 사우나 집회에서 은혜를 많이 받았다는 간증이야.

- 감격스러운 집회로 기억되겠군요?
- 몇 달 후에 내가 부산 갈 일이 있어서 그 집사님에게 수양회 참석하라고 권했다는 목사님을 마침 만나게 되었는데, 그분이 연락해서 그 집사님이 나와서 나를 식사 대접하게 되었어. 식사 대접을 하면서 신나고 흥분하여 간증을 하는 거야. 자기가 치유 받고 돌아와서 그 집회 때 받은 은혜가 감격스러웠는데, 마침 그 집회의 주제가 기억에 남더라는 거야.
- 주제가 무엇이었는데요?
- "치유 받고 치유자가 되자"라는 주제였지. 하루는 그 집사님이 사업상 친구를 만나기로 약속한 날인데 친구에게서 전화가 오기를, 어지럼증이 생겨서 움직일 수가 없다는 전화가 왔다는군.
- 사업상 만나는 약속인데, 못 나온다고 전화가 왔다고요?

- 응, 그래서 자기가 친구네 집으로 가겠다고 연락하고 갔대. 가 보니 이 친구가 누워 있는데 왜 그러냐고 물으니 '달팽이관 이상'이라며 어지러워 일어날 수 없다고 하더래. 그런데 그 이야기를 듣는 순간 "치유 받고 치유자가 되라"는 치유 수양회 주제 표어가 생각나서 '그래, 이 친구를 치유해야 하겠군.' 그런 마음이 들더래. 그래서 그 친구는 예수 믿는 친구도 아닌데 다짜고짜 "너 오늘 고침 받을 줄 알아라. 너 내가 예수쟁이인 것은 알지? 내가 교통사고 후유증으로 생긴 목 디스크, 허리 디스크로 고생하고 있던 것도 알지? 그런데 내가 예수님의 은혜로 다 나았단 말이야. 그런데 그 예수님이 지금 말씀하시기를 네가 고침 받았으니, 네 친구를 네가 고치라고 하지 않니? 그러니 내가 너를 위하여 기도할 테니까 너는 무조건 아멘 하라고." 그렇게 말하고는 누워 있는 친구 귀에다 손을 얹고 간절히 부르짖고 기도했다는 거야.
- 선생님만 용기 있는 줄 알았더니, 그 집사님은 용기가 더 대단하네요?
- 그러게 말이야. 대단한 사람인 것 같지? 평신도라고 지금 뒤로 빼려고 하는 다인이 그리고 성진이 잘 기억하라고.
- 그래서 어찌 되었는데요?
- 그렇게 기도하고 끝나자 친구가 벌떡 일어나더래. 그래서 사업 이야기하고 또 결신도 시켰대. "너 오늘 하나님이 네 병을 고치는 것 보았지? 이제 너도 예수 믿어야 돼. 당장 가까운 교회에 등록하러 가자." 그렇게 친구를 끌고 가까운 교회에 가서 목사님을 만나

고 잘 양육시켜 달라고 부탁했더니 지금 교회 잘 다니고 있다고 간증하며 감격하더라고.
- 아유, 치유 받을 뿐 아니라 치유자가 되고 전도하게 되었네요? 감격이 아닐 수 없겠네요.
- 그렇지? 십자가의 은혜는 우리의 죄를 지고 가신 은혜일 뿐 아니라 우리의 질병도 지고 가신 은혜라는 메시지는 아주 강력하고 확신 있는 메시지야. 많지만 한 가지만 더 간증하기로 하지. 미국 L.A에 둘로스 선교교회라는 한인교회가 있는데, 한번은 그 교회에서 주일 아침 설교를 하게 되었지.
- 거기서 십자가의 은혜를 설교하신 모양이네요?
- 어떻게 알았어?
- 지금 십자가의 은혜 이야기를 하는 중이잖아요?
- 눈치가 빠르군. 그래, 거기서 십자가의 은혜를 설교했어. 십자가의 은혜를 설교할 때는 물론 죄를 지고 가신 대속의 은혜를 중요하게 설교하지. 그리고 나서 덧붙이는 메시지로 '십자가의 은혜는 질병도 지고 가신 은혜'라는 메시지도 전하지.
- 거기서도 치유가 일어난 모양이군요?
- 그랬어. 예배가 끝나자 안수 집사 부부가 나를 따로 찾아와 간증하고 보고하더라고.
- 무슨 질병에서 치유되었던가요?
- 남자 집사는 "턱 빠지는 병(턱 관절 탈구)이 있었는데, 십자가의 메시지가 선포될 때 감동되고 확신되어 아멘 하는데, 턱이 맞추어지

면서 다시 안 빠집니다"라고 간증하고, 여자 집사님은 "방광염이 있었는데, 치유되었습니다." 그러더라고. 그리고 이분들은 너무 감격하고 즐거워서 내가 돌아온 후에 담임 목사님께 상의했다면서 바나바훈련원에 매달 200달러씩 5년간 헌금하겠다고 연락이 오더니 그렇게 하더라고.

- 우리는 참으로 감격스러운 메시지를 가지고 있는데, 왜 무기력하게 살아왔을까요?
- 지금부터 그 강력한 메시지를 붙들고 살아나가자고.
- 아멘.

성령님은 치유의 영이시다

- 하나 더 우리가 믿고 사모해야 할 메시지는 성령께서 치유의 영이라는 점이지.
- 하나님 아버지는 치료하시는 아버지시요, 성자 예수님은 우리의 질병을 지고 가신 구세주이시며, 성령님께서는 그 진리, 그 은혜를 실현하시는 영이라는 말씀이지요?
- 그렇다네. 성령님은 구원을 개인적으로 실체적으로 각자에게 실현시키는 영이신데, 치유도 각자에게 실현시키는 영으로 임하시고 역사하시는 것이지. 이사야 선지자가 메시아에게는 하나님이 성령과 능력으로 기름 부어 가난한 자에게 복음을 전하고, 상한 마음 고치고, 포로 된 자에게 자유를, 갇힌 자를 자유케 한다고 예언한

말씀이 있지?

사 61:1 주 여호와의 영이 내게 내리셨으니 이는 여호와께서 내게 기름을 부으사 가난한 자에게 아름다운 소식을 전하게 하려 하심이라 나를 보내사 마음이 상한 자를 고치며 포로 된 자에게 자유를, 갇힌 자에게 놓임을 선포하며

- 그 예언이 예수님에게서 성취되는 것으로 누가복음에는 말씀하고 있지요.

눅 4:18-19 주의 성령이 내게 임하셨으니 이는 가난한 자에게 복음을 전하게 하시려고 내게 기름을 부으시고 나를 보내사 포로 된 자에게 자유를, 눈 먼 자에게 다시 보게 함을 전파하며 눌린 자를 자유롭게 하고 주의 은혜의 해를 전파하게 하려 하심이라 하였더라

- 사도행전에서도 그렇게 증언하고 있어요.

행 10:38 하나님이 나사렛 예수에게 **성령과 능력을 기름 붓듯 하셨으매** 그가 두루 다니시며 선한 일을 행하시고 **마귀에게 눌린 모든 사람을 고치셨으니** 이는 하나님이 함께 하셨음이라

- 그렇지? 성령과 능력을 기름 붓듯 부어 가르치고 복음을 전하고

병 고치도록 하게 되었다는 거야. 예수님조차도 성령으로 행하셨다는 것이지. 그래, 성령은 구원과 치유를 실행하시는 영으로 임하시고 역사하시는 것을 보여주는 것이지.

- 이미 '성령 영성'이란 주제로 공부하면서 기독교의 영성은 '성령의 은혜 안에 있는 영성'이라 하였고 모든 기독교의 사역은 성령 사역이라 하였죠. 이처럼 치유도 성령의 은혜 안에서 이루어지고 치유 사역도 성령 사역이라는 점을 분명히 이해하고 믿으며 사모함으로 이루어야 하는군요?
- 그렇지. 성령께서 임재하시는 현장에서만 치유가 일어난다는 사실이 중요한 거야. 소그룹에서 기도하더라도 성령께서 임재하시는 그런 기도의 현장이 되기까지 기도해야 하고 교회 기도회나 집회라도 성령께서 임재하시는 현장이 되어야 하는 것이지.
- 그러면 성경적인 원리에서나 선생님의 경험에 의하면 치유의 역사가 일어나는 어떤 공식이 있던가요?
- 대입하기만 하면 치유가 일어나는 어떤 공식 같은 것은 없어. 치유는 전적으로 하나님의 은혜의 역사에 의존하는 것이니 우리는 사모하고 기도하고 믿으며 순종할 뿐이지. 그러나 대체로 또는 자주 치유가 일어나는 경우의 수는 말할 수 있을 것 같기는 해.
- 그러면 그런 경우의 수라도 말씀을 나누어 주시지요.

5
치유의 세계

- 신유는 전적으로 하나님께 의존되어 있기에 어떤 공식이 존재할 수 없지. 기도자와 받는 자와 하나님 사이에서 일어나는 일이지만 그것도 전적으로 하나님이 행하시는 일이기에 이렇게 하면 100% 치유가 일어난다고 말할 수 있는 조건이나 방식을 말한다는 것은 있을 수 없지. 하지만 치유의 은혜를 받기 위하여 가장 가까이 갈 수 있는 경우의 예는 이야기할 수 있을 거야. 그중의 첫째는 말씀의 세계라고 해야 하겠지.
- 말씀이란 하나님의 말씀을 의미하는 거겠지요?

말씀의 세계

- 물론이지. 하나님께서는 말씀으로 하나님의 뜻을 나타내실 뿐 아

니라 하나님의 행사를 말씀으로 이루신다는 것을 성경에서 알 수 있어. 우선 하나님의 창조 이야기를 보면 하나님이 말씀으로 창조의 역사를 이루신 것을 볼 수 있지. 물론 말씀이 선포되는 현장에 하나님의 성령이 운행하면서 역사하신 것을 중요하게 보아야 하지만, 어쨌든 일단 말씀이 선포되는 현장에 창조의 역사가 일어난 것을 보게 되지.

> **창 1:3** 하나님이 **이르시되 빛이 있으라** 하시매 빛이 있었고

또한 히브리서는 다음과 같이 말씀하고 있지.

> **히 4:12** 하나님의 **말씀은 살아 있고 활력이** 있어 좌우에 날선 어떤 검보다도 예리하여 **혼과 영과 및 관절과 골수를 찔러 쪼개기까지** 하며 또 마음의 생각과 뜻을 판단하나니

이 말씀에서 말씀은 살았고 운동력이 있다고 하지 않나? 말씀이 곧 능력이요, 역사라는 말이지. 그래서 말씀은 혼도 영도 몸도 수술하게 된다는 말이지.

- 그렇다면 말씀이 선포되는 현장에 있어야 고침 받을 확률이 많아지겠군요?
- 그렇게 보아야 하지 않겠나?
- 말씀이 선포되는 현장이라면 설교 듣는 현장을 말하는 것인가요?

- 개인적으로 성경 말씀을 읽거나 묵상하면서 주님의 메시지를 듣고 있는 현장도 포함되겠지. 그러나 일반적으로 말씀이 선포되는 설교 현장이라고 말할 수 있겠지?
- 저는 설교 현장에서 치유되었다는 이야기를 들어보지 못했는데요? 부흥회 같은 집회를 하면서 설교하고 안수하고 치유되었다는 이야기는 들었지만 주일 설교 중에 나왔다는 이야기는 못 들어 보았어요.
- 그래, 지원이 말에 공감을 해. 그래서 설교자의 설교에 대한 진지함이 요구되고 진정 하나님의 메시지가 선포되도록 해야 하고 듣는 자도 진지하게 들어야 함을 반성하게 하는 것이지. 하지만 말씀 선포의 현장에 성령님이 운행하시며 역사하신다는 것은 분명한 원리이지.
- 신유의 직임을 받은 신유 사역자들도 집회하는 곳에 가 보면 먼저 치유의 메시지를 전하고 안수하더라고요. 말씀에 근거한 믿음으로 하나님의 치유의 은혜를 받는 것이겠지요?
- 치유의 메시지는 물론이고 꼭 치유라는 범주에 해당하지 않더라도 진정한 하나님의 메시지가 성령의 은혜 안에서 선포되는 현장이라면 치유가 일어날 수 있다는 것을 여러 번 경험했는데, 간증하지.

한번은 내가 연희중앙감리교회에서 부흥회를 인도한 적이 있는데, 그 부흥회 기간 동안 나는 한 번도 치유 메시지를 선포한 적이 없었어. 그런데 둘째 날 점심 식사 대접하는 집사님이 음식을 주문해 놓고 간증하더라고.
- 치유 간증이었나 보지요?
- 목 디스크 질병으로 6년간 고생했대. 병원도 가 보고, 한의원에 가서 약도 먹고 침도 맞고, 안마사에게 안마도 받아보고, 지압사에게 지압도 받아보고 6년간 그 고생을 했는데, 어젯밤 설교 말씀 듣다가 고침 받아서 불편 없이 목이 움직인다며 식당에 앉아 목을 좌우로 상하로 막 움직이면서 감격하더라고.
- 전날 저녁 설교 메시지가 무엇이었는데요?
- 창세기 12장 14절 본문으로 "복을 받고 복이 될지라" 그런 설교였거든.
- 치유 중심의 메시지는 아니었던 것 같은데요?
- 아니지. 그 부흥회 기간 동안 치유 메시지는 한 번도 안 했다니까. 그런데 마치고 나니까 7명이나 병 고침 받았다고 간증하더라니까.
- 치유를 위한 안수 기도나 기도회도 없었나요?
- 치유를 위한 어떤 특별한 순서도 없었지.
- 희한하네요? 처음 듣는 종류의 간증이라서요.
- 그 교회 담임 목사도 그러더라고. 어떻게 설교만 했는데 치유의 역사가 일어나는지, 그것은 무슨 은사냐고 묻더군.
- 정말 그것은 무슨 은사인가요?
- 이것은 성령의 은사에 해당하는 것 같지 않고 '성령의 역사'라고 이해한다고 답했지. 말씀 선포 현장에 역사하시는 성령의 역사. 그리고 나는 그 목사님에게 "목사님도 설교 준비할 때부터 하나님께

서 들려주시는 메시지를 받아서 설교하려는 노력을 해보시고 그 메시지를 설교할 때 하나님의 말씀에 대한 확신을 가지고 설교하며 설교 현장에 성령님께서 역사해 주시기를 사모하고 기도하며 설교해 보십시오." 그렇게 권면했지.
- 그 목사님도 설교 중에 치유가 일어나게 되었나요?
- 3, 4개월 지났나? 그 목사님이 내게 전화했더라고. "목사님, 목사님 말씀을 듣고 도전받아 설교 준비부터 성령의 음성을 들으려고 기도하고 묵상하고 설교 현장에 성령님 오셔서 역사해 달라고 기도하면서 보다 진지하게 설교하게 되었는데, 드디어 제 설교를 들으면서 병 고침 받는 간증이 나오기 시작했습니다." 그렇게 보고하더라고.
- 우와, 그 목사님도요?
- 그랬어. 지원이도 목사 될 사람이니 진지한 설교자가 되기를 바라네. 내가 설교 영성을 다룬 《설교가 뭐길래?》(서로사랑)라는 책에 이같은 내용을 다루었는데, 확인 학습하도록 하고….
- 저는 뭐 설교자가 될 것은 아닐 테니, 상관없는 이야기네요?
- 다인이는 설교를 듣는 자로서 설교 들으며 하나님의 음성을 들으려 하여 진지하게 되면 바로 그 하나님을 만나게 되는 것이고, 영과 혼과 몸이 치유되며 건강을 얻게 되는 은혜가 있겠지. 이 부분에 대해 간증할 내용이 아주 많은데 하나만 더 해주어야 하겠군.
- 하나뿐 아니라 열 개라도 해 주세요.
- 너무 많이 할 필요야 없지. 어느 해인가, 기독교대한성결교회 서울

북지방회 교역자협의회에서 37명이 훈련원에 들어와 단기 특별 영성 훈련을 하게 되었지. 첫 시간에 말씀 설교가 있은 후 저녁 시간까지 쉬는 시간에 축구들을 하더군. 그리고 저녁 식탁에 앉아 있는데 한 목사님이 와서 보고하는 거야. 오랫동안 관절통으로 계단을 오르내리기 힘들어 난간을 잡고 씨름하며 오르내렸는데 말씀을 듣는 중에 성령이 자기에게 임하심을 느꼈대. 무릎이 따뜻함을 느끼며 통증이 사라져서 확인할 겸 축구를 하러 나갔고, 한 시간 동안 축구를 해도 무릎에 통증이 없고 완전히 치유되었다는 보고를 하더군.

- 관절통 환자가 말씀을 듣다 나아서 즉시 축구를 했다고요?
- 그랬어. 그래서 다음 날 아침 강의 시간에 그분에게 간증하라 하였지. 그런데 그분이 간증한 후에 다른 목사님이 손을 들고 나와서 자기도 첫 시간 말씀을 듣다가 허리 디스크가 고침 받아 축구를 할 수 있었다고 간증하고, 다른 사모님은 퇴행성관절염을 고침 받았다고 또 간증하고…. 아주 풍성했어.
- 말씀이 선포되는 곳에서 치유의 역사가 일어나는 것이로군요?
- 말씀을 경청하고 '아멘'으로 은혜 받으면서 고침 받은 간증이 많아.

그러니 우리 설교자들은 설교가 하나님의 말씀의 선포가 되도록 묵상하고 기도하며 받은 메시지를 성령으로 선포하게 되어야 하는 거지. 그렇게 되니, 말씀이 곧 치유를 일으키는 것을 나는 너무 자주 보았어. 내적 치유, 외적 치유가 다 일어나. 그리고 성도들은 말씀 선포 가운데 들려오는 하나님의 메시지에 귀를 기울이고 그분을 만나고 그분의 음성을 들어야 하는 거고…. 그렇게 되면 말씀이 인생을 치유해. 말씀이 영을 치유해. 말씀이 마음을 치유하고, 말씀이 몸도 치유한다는 말이지. 게다가 치유의 메시지를 전하게 되면 더욱 치유가 직접적으로 일어나. 그러므로 우리는 치유 메시지도 하나님의 말씀 중 중요한 메시지임을 인식하고 믿으며 선포해야 해. 듣는 자도 진지하게 하나님께 귀 기울이면 우리의 영과 혼과 몸이 치유되는 축복을 누리게 되는 것이지.

- 말씀이 생명이요, 말씀이 능력이로군요. 진지한 말씀 탐구와 선포, 진지한 말씀 읽기와 묵상이 중요하겠군요.

기도의 세계

- 이제 신유의 은사를 받은 사람은 물론이고 그렇지 못한 평범한 그리스도인들로서 치유와 가장 가깝게 접근하는 길은 기도의 세계라고 보아야 할 거야.
- 기도와 응답이라는 차원에서 치유가 일어난다는 말씀이지요?
- 그렇지. 야고보서를 보면 그렇게 말씀하고 있지?

> **약 5:15** 믿음의 기도는 병든 자를 구원하리니 주께서 그를 일으키시리라 혹시 죄를 범하였을지라도 사하심을 받으리라

- 마가복음에서 "병든 사람에게 손을 얹은즉 나으리라"고 하신 말씀은 안수하며 기도한다는 뜻이 아닌가요?

  > **막 16:17-18** 믿는 자들에게는 이런 표적이 따르리니 곧 그들이 내 이름으로 귀신을 쫓아내며 새 방언을 말하며 뱀을 집어 올리며 무슨 독을 마실지라도 해를 받지 아니하며 병든 사람에게 손을 얹은즉 나으리라 하시더라

- 그렇게 이해해야 하겠지? 어쨌든 치유의 세계는 기도의 세계야. 하나님은 우리가 병들었을 때에 서로 병 낫기를 위하여 기도하라 하셨지. 믿음의 기도는 병든 자를 구원한다고 말이야. 긴 설명이 필요 없어. 기본적으로 기도하면 하나님이 응답한다고 약속하셨고 병든 자를 위하여 기도하라 하셨으니 기도하는 거야. 그리고 한 형제의 고통을 함께 짊어지고 기도하는 코이노니아 공동체의 기도의 자리에 성령께서 임재하시고 코이노니아의 파트너로 역사하시는 까닭에 우리는 고침을 받게 되는 것이지.

- 특히 코이노니아의 원리가 중요할 것 같네요. **우리가 서로 사랑하고 한마음으로 기도하면 코이노니아의 파트너로 하나님께서도 성령으로 임재해 오시고, 병든 자의 고통을 서로 나누며 함께 짊어지고 기도하는 공동체의 파트너로 오신 성령께서 그 고통의 짐을 지실 것이니** 치유가 안 일어나는 게 이상하겠지요?

- 와, 오늘 다인이가 기가 막힌 진리를 풀어내네 그려. 바로 그 점이지. 단순히 기도 응답의 차원만이 아니지. 코이노니아의 파트너로

임재하시는 성령님의 역사는 치유라는 역사로 나타날 수밖에 없는 것이지. 그래서 병든 자를 위하여 서로 기도하라고 하신 것이니까. 내가 운영하던 훈련원에서는 이 코이노니아의 중요성을 알고 코이노니아 모임도 자주 하면서 경험하였는데, 재미있는 간증을 해야겠군.

- 네, 듣고 싶어요.
- 한번은 사모 훈련 중이었는데 이전 해에 훈련받으시고 식당과 그룹리더로 봉사하러 오신 분이 있었지. 그런데 첫날 와서 부엌에서 일하다 말고 아프다고 방에 누워버렸다는 거야.
- 봉사하러 오기는 했는데, 아파서 누워요? 봉사를 못하고 짐이 되었겠네요?
- 그래서 어디가 아픈가 물어 보라고 다른 사모 한 분을 방으로 보냈더니 20년 동안 치질을 앓았는데 지금 너무 심해져서 아프다는 거야. 부엌에서 일하던 사모님들이 다 모여서 합심하여 사랑을 쏟아 부으며 땀을 흘리며 기도하도록 인도했지.
- 선생님도 함께 하셨나요?
- 그 시간에 다른 강사에 의하여 강의가 진행되고 있었으므로 나도 함께 들어가 기도했지. 기도가 끝나자 화장실로 가더니 다 씻고 나오면서 "할렐루야, 하나님께서 치료하셨습니다." 찬양하고 부엌에 가서 다시 일하더라고.
- 즉시 치유되었네요? 바나바훈련원이 신령한 곳인가 봐요?
- 바나바만 신령한 곳이겠나? 자네의 교회도, 아니 자네의 학교도

신령한 곳이지. 다만 바나바훈련원에서는 코이노니아의 원리를 알고 형제의 짐을 함께 지는 사랑의 중보기도를 알고 사모하며 믿으면서 행한다는 것이 혹 다르다면 다를까?
- 믿고 사랑하며 기도하는 것이 중요하겠군요?
- 그렇지 않겠나? 다음 날 훈련 중에 있는 사모들에게 간증하라 하였더니 간증하였고 간증이 끝나자 다른 사모 세 분이 자기들도 치질이라고 하여 기도해 달라는 거야. 그래서 세 그룹으로 공동 안수하며 기도하였지. 그리고 그날 하나님은 우리 훈련원에 치질 클리닉을 여시고 다 고쳐 주셨어. 믿음으로 하나님을 의지하고 사랑으로 형제의 고통을 짊어지고 합심하여 기도하면 코이노니아 원리로 치유의 역사도 일어나는 것을 확인하는 일들이지.
- 코이노니아 원리를 알고 기도와 응답의 확신을 가지고 기도하는 바나바훈련원에서는 많은 치유의 간증이 나온 것 같군요?
- 그랬지. 그뿐만 아니라 내가 이 코이노니아 원리와 사랑의 중보기도를 가르치고 치유 사역을 강의하고 적용하여 실제로 기도회를 해보면 아주 많은 치유의 역사를 경험해.

몇 해 전 캐나다 위니펙에서 목회하는 한인교회 목회자 부부들이 특별 영성 훈련 차 모인 적이 있었지. 여러 주제로 훈련하다가 치유 사역에 대하여 강의하고 치유 사역을 해야 한다고 가르치고 나서 우리 중에 병든 자가 있으면 당장 기도하자고 했지. 모인 인원이 20여 명에 불과하긴 했지만 다섯 명이 기도를 받겠다고 나오더라고. 그래서 나머지 15명을 한 사람당 3명씩 배분해서 책임지고 공동 안수하며 치유를 위하여 기도하라고 하고, 함께 사랑을 쏟아 부으며 기도했지.
- 즉시 간증하던가요?
- 목사들은 쉽게 간증 안 해. 평신도들보다 일반적으로 돌다리도 두들겨 보면서 건너는 식이야. 그래서 즉시 물어 보지 않고 하루 지나고 다음 날, 치료된 사람은 간증하라고 시간을 주었지. 그런데 아무도 간증하러 나오질 않는 거야.
- 한 사람도 안 나왔나요?
- 나도 좀 당황스럽더라고. 여러 사람이 함께 위하여 기도하고 한 명도 낫지 않은 경우는 없었는데…. 그래서 "이렇게 한 사람도 치유되지 않은 것은 오히려 기적"이라고 말하면서, "그렇다면 다시 기도하자"며 다시 다 나오라고 했지. 잠시 머뭇거리더니 키가 큰 목사님이 나오더군.

"저는 어제 목 디스크 환자로서 기도 받았습니다. 저는 고침 받은 것은 분명합니다. 그런데 왜 간증하러 나오지 않았느냐 하면, 집에 가서 목뼈 사진까지 찍어서 확인한 후 간증하려 하였는데, 또 기도 받으러 나오라 하니 또 기도 받을 일은 아닌 것 같습니다." 그러더라고.
- 아, 사진까지 찍어 확인한 후 간증한다고요? 목사님 다운 확인이군요.
- 그분이 계속해서 말하기를 "저는 어제 기도 받고 고침 받은 줄 몰랐습니다. 오늘 아침 조반 식사를 기다릴 때 우리 목사들이 30분

정도 족구를 하게 되었습니다. 저도 뒤에 서서 족구를 하고 있는데 공이 날아오는 것이 제가 발로 받을 수 없는 위치와 속도로 날아와서 엉겁결에 머리로 받았습니다. 그런데 멋지게 받아 넘겨 한 점을 득점했습니다. 그러고 보니 목뼈가 휘어져 디스크 환자로서 목을 쓰지 못하는 제가 머리로 즉 목으로 공을 받아 넘긴 것입니다. 그래서 저도 깜짝 놀라며 목을 움직여 보았는데, 전혀 아프지 않았습니다. 제가 고침 받은 것은 확실합니다."

- 고침 받은 줄도 몰랐는데, 머리로 공을 받아 넘기고 나서 확인된 것이라고요?
- 그러더라고. 그러자 다른 목사님이 또 나와 이렇게 간증하더군.
"저는 고혈압 환자로서 어제 기도 받았습니다. 혈압이 높아서 하루에 세 차례씩 혈압 조절약을 먹지 않으면 목이 뻣뻣해지고 머리가 아프고 침이 마르며 입술이 허옇게 됩니다. 그런데 어제 기도 받은 이후 약을 한 번도 먹지 않고 있고 목이 뻣뻣해지지 않고 부드러우며 머리도 아프지 않고 산뜻하며 입술이 마르지 않고 촉촉합니다. 사실 저도 돌아가 혈압을 재어 보고 간증하려 했는데 고침 받은 것은 확실합니다."
- 아, 모두 기계로, 의사로 확인 후 간증하려고 했군요?
- 그러니까 말이야. 그러자 또 한 분 목사님이 나오더군.
"저는 위와 장이 아프고 소화가 안 되며 설사를 해왔습니다. 그런데 어제 기도 받고는 무슨 변화가 일어났다는 것이 당장 느껴지지는 않았는데 그 시간 이후 위가 아프지 않으며, 어제 저녁과 오늘 아침을 잘 먹고, 오늘 아침에는 설사하지 않고 김밥 같은 대변이 나왔습니다."
- 그 목사님은 왜 간증하러 안 나왔다고 해요?
- 그게 궁금한가? 그분은 가장 나이 어린 막내라서 선배들 눈치를 보느라고 못 나왔대. 그러다가 선배들이 나와 간증하니 자기도 나왔다고 그러더라고.
- 이유도 가지가지네요? 목사님들은 간증하기도 어려워하는 줄 몰랐습니다.
- 그런데 더 재미있는 것은 그중 고혈압으로 고생하다가 고침 받은 목사님은 훈련이 끝나고, 그러니까 목요일에 훈련 끝나고 바로 그 주간 금요일 밤에 자기네 교회 심야 기도회에서 똑같은 방식으로 치유를 위한 기도회를 했대. 본 대로, 배운 대로 공동 안수하며 치유를 위한 사랑의 기도를 하였더니 신자 중 반신불수였던 분이 풀려서 자유롭게 몸을 움직이게 되었다고, 토요일 아침에 내가 묵는 호텔로 전화하여 간증하고, 자기는 혈압을 재본 결과 70에 130 정상으로 나온다고 좋아하며 보고하더라고.
- 즉시 똑같이 적용하여 치유를 위한 사랑의 중보기도를 실시하고 열매를 보았나 보네요?
- 그래. 나는 이렇게 서로 사랑하여 기도하면서 많은 병자들이 고침 받는 것을 보았지. 기도할 때 가장 많이 병 고침 받는 경험을 해. 특히 공동체 안에서 사랑의 중보기도를 할 때 말이야. '치유' 하면 신유의 은사나 직임을 받은 자만이 하는 일인 줄 생각하는 잘못

으로 인하여 치유 사역이 현대교회에서 많이 실종되고 있는데, 치유를 은사나 기적이나 능력이라는 차원으로 접근할 것이 아니고, 사랑을 실천하는 방식으로 접근하면 어느 교회에서나 어느 그룹에서나 쉽게 접근할 수 있고 감격적인 경험을 누릴 수 있어. 그런 의미에서 기도의 세계에서 가장 치유가 활발하게 경험되는데, 이미 언급했지만 매우 중요하니 다시 한 번 그 원리를 정리해 보도록 하지.
- 기도로 이루어지는 치유의 원리 말인가요?
- 그래, 원리는 제일 간단해. '**하나님은 기도에 응답하신다**'는 기도 응답의 원리이지. 우리가 병을 고칠 수는 없지만 병 고치는 능력을 가지고 자신을 치료의 하나님이라고 선포하신 하나님께 기도할 수 있고, 하나님은 기도에 응답한다는 약속을 주셨다는 단순한 원리야. 병 고치는 은사나 직임은 특별한 소수가 가지고 있지만, 기도의 특권은 모두가 가지고 있지 않은가? 그러니 기도하는 것이지.
- 맞는 말씀이네요. 우리는 왜 치유 사역을 그렇게 어렵게만 생각했을까요?
- 특별한 세계로 생각했기 때문일 것이고, 사랑보다 능력 차원으로 생각했기 때문일 거야. 그다음 중요한 원리는 **코이노니아 원리**이지.
- 코이노니아 원리는 친교 영성에서 다루어 주셨지요?
- 그랬지. 코이노니아란 수평적으로는 '나와 너'가 하나 되는 친교일

뿐 아니라 우리의 친교는 동시에 '하나님과 함께하는 친교'이거든. 친교 영성에서 이미 다룬 것처럼 형제가 연합하여 하나 되어 기도하는 곳에는 하나님도 성령으로 임재하여 오시므로 온전한 코이노니아가 이루어진다고 했지?
- 그랬지요.
- "두세 사람이 내 이름으로 모인 곳에는 나도 그들 중에 있느니라"라고 하신 말씀대로야.

> **마 18:20** 두세 사람이 내 이름으로 모인 곳에는 나도 그들 중에 있느니라

자, 생각해 보라고. 두세 사람 모여 지금 예수 이름으로 치유를 위하여 기도할 때 예수님도 성령으로 거기 오신다는 말이야. 이게 코이노니아인데 아까 말한 것처럼 우리가 형제의 고통을 함께 짊어지는 마음으로 병든 자를 위하여 합심하여 기도하면 하나님께서도 성령으로 임재하여 오신단 말이지. 그러면 하나님이 오셔서 구경만 하시겠나? 아니면 코이노니아에 참여하시겠나?
- 코이노니아에 참여하러 오시겠지요?
- 그런데 지금 수평적 코이노니아를 이룬 이 공동체가 무엇을 하고 있지?
- 병 고쳐달라고 기도하고 있지요.
- 거기 치료하시는 하나님이 참여하면 어떻게 참여하시겠나?
- 함께 기도하지는 않겠지요? 기도에 응답하시는 하나님이니까 치료

로 응답하시고 치료로 함께하시겠지요?

- 바로 그거지. 그러니까 치유 사역을 능력이라는 관점에서 접근할 일이 아니고, 코이노니아 사랑이라는 관점으로 접근하는 거야. 그러면 치유가 우리 공동체적 삶의 일부가 되어 자연스러운 것이 되지. 그리고 코이노니아 내에서의 치유는 육신의 질병은 물론이지만 상한 마음, 억눌린 영혼의 치유 등 내적 치유는 더 효과적으로 일어나는 거야.
- 코이노니아의 원리를 깨닫고 나니까 치유가 자연스러운 일이 될 것이 믿어지고 기대도 되네요.
- 우리는 적극적으로 치유를 위한 기도를 할 필요가 있고 그렇게 해야 교회가 살아 움직이는 공동체적 사랑과 하나님 체험을 하게 되어 부흥의 단초가 된다고 나는 생각하고 권장한다네. 나는 간증을 나누는 게 신나는데, 자네들은 듣는 게 지루하지 않나?
- 아니에요, 전혀요. 더 있으면 더 들려 주세요.
- 하나만 더 나누지. 한번은 오스트리아 비엔나 한인교회에서 유럽 지역 한인목회자 영성훈련을 부탁받고 갔지. 사실은 봄에 한 차례, 가을에 한 차례 같은 대상을 놓고 영성의 기초로부터 훈련을 했는데, 가을에 가서는 치유 사역을 강의하고 각 교회와 모임에서 치유 사역을 하라고 권장하였는데, 강의만 하고 끝나면 시행하는 용기를 많이 못 얻는 것 같아서 여기서도 실제로 치유 기도회를 했지.
- 거기서는 몇 명이나 치유되었는데요?

- 치유를 원하여 나온 사람이 6명이었어. 그 훈련에 참여한 인원은 40명이었고.
- 그러면 1인당 6명씩 배정되어 코이노니아 기도를 했겠군요?
- 그랬지. 원리는 다 가르쳐준 것이고 원리를 따라 사랑의 중보기도를 하였지. 그리고 다음 날 간증 시간을 가졌더니 6명 전원이 치유되었다고 간증하더라고.
- 와, 100%군요?
- 응, 100% 치유된 간증은 거기서 처음인데, 6명 병은 다 기억나지 않고 한 분 기억나는 특이한 경우가 있었어.
- 일반적인 병이 아닌 특수한 병이었나 보지요?
- 응, 그분은 몇 년 전에 교통사고로 한 쪽 다리를 절단하는 수술하고 의족을 했대. 그런데 그 후로 다른 데가 아픈 것이 아니라 그 의족이 너무 아파서 잠을 제대로 자지 못한다는 거야.
- 아니, 의족이 아파요? 의족에도 신경이 연결되나요?
- 의족에 신경이 연결될 리가 없지.
- 그러면 의족과 맞닿는 부분이 아프다는 것인가요?
- 아니, 의족이 그렇게 아프대.
- 그런 게 어디 있어요?
- 그런 게 있대. 의학적으로 '환지통'이라 부르는 병이래. 사고의 정신적 후유증으로 생길 수 있는 병이래. 실제로는 신경이 연결되지도 않아서 아플 수 없는데, 아픔을 느끼는 '환상적 질병'이라 환지통이라 한대. 환상적으로 다리 아픔을 느끼는 질병이래.

- 그렇다면 실제로는 육신적 질병이 아니고 정신적 질병이네요?
- 그런 것 같지? 그런데 그분이 나아서 그날 밤 전혀 통증 없이 잘 잤고 지금도 통증이 없다고 치유되었다고 간증하더라고.
- 하나님의 치유는 너무 신기하군요. 육체적, 정신적으로 어떤 질병이라도 제한이 없겠지요?
- 왜 아니겠나?
- 그 같은 치유 간증은 더 있겠지요?
- 있다 마다, 얼마든지 있지. 그러나 이만 하고 다음 주제로 넘어가야 하겠지?

찬양의 세계

- 아주 자주 경험하는 일은 아니어도 찬양할 때 치유의 역사를 보는 경우가 종종 있었는데, 참고할 필요가 있을 것 같아.
- 찬양하다가 병 고침을 받는다고요?
- 그렇지. '찬송하면 병 낫는다'라는 구절은 없지만 찬송 중에 임재하시는 주님에 관한 말씀이 있지.

> **시 22:3** 이스라엘의 찬송 중에 계시는 주여 주는 거룩하시니이다

- 그러니까 찬송하고 예배하는 현장에 그 예배, 그 찬송을 받으시는 주님이 오시기 때문에 고침 받는 역사가 있게 된다는 원리인

모양이네요?
- 바로 그 말이지. 하여튼 바나바훈련원에서 우리는 자주 경험했어.
- 그 경험 간증도 한두 개 정도 나누어 주시지요.
- 그럴까? 한번은 어깨 디스크 환자인 목사님이 계셨는데, 찬양예배를 드리는 중에 찬양 인도자가 손을 올리고 찬양하자고 하니까 자기가 어깨 디스크 환자라서 손을 못 올린다는 것을 잊어버리고 손을 들어 올리고 찬양하게 되었다네. 한참 찬양하다 보니까 자기가 손을 높이 들어 올리고 찬양하고 있더라는 거야.
- 찬양 속에 빠져 들어가서 인도자가 손을 올리자고 하니까 올렸는데, 디스크 질병은 나아버리고 손들고 찬양하였나 보네요?
- 아마 어깨 디스크 환자라 손을 못 든다고 생각하고 있었으면 손을 들지 못했을 거야. 그것을 잊어버리고 오직 주님만 찬양했기에 손이 올라갔고 치유되었던 것이지. 어쨌든 중요한 것은 우리는 찬양하고 찬양 가운데 주님께서 임재하시고 주님께서 임재하시는 현장에는 그분의 긍휼과 사랑의 역사로 치유가 일어난다는 것이지.
- 그러니까 성령께서 임재하시는 현장에서 치유가 일어나는 것이네요?
- 그렇지. 13년 전에 축구하다가 다리의 인대가 끊어지고 또 인대가 썩어서 인공 인대를 넣어 수술한 목사님이 우리 훈련원에 오신 적이 있었어. 의사가 말한 대로 뻗정다리로라도 걷기만 해도 감사한 것이라고, 걷는 것에 감사하고 살았다네. 그러나 그래도 목사가 무

릎을 꿇고 기도하고 싶다는 소원이 있었다는군.
- 인공 인대로 뻣뻣한 다리로 걸어는 다니는데, 무릎은 꿇지 못하는 경우였나 보네요?
- 그랬대. 그러면서도 자기는 무릎을 꿇을 수 없는 운명이 된 거라고 생각하여 더 이상의 치유를 위해서는 기도하지도 않았대.
- 누구라도 그러겠지요.
- 그런데 여기 바나바 영성 수련회에 와서 다른 목사님들의 치유 간증을 들으면서 '전능하신 하나님이 손을 대시면 인공 인대로 수술한 경우인들 못 고칠 것이 있겠나?' 하는 믿음이 생겼대. 그래서 무릎 꿇고 기도할 수 있게 해 달라고 기도하기 시작하였다는 간증을 하더라고.
- 선생님, 듣다 보니 그 이야기는 성령 영성을 말씀하실 때 믿음의 은사 부분에서 하신 것 같은데요?
- 그랬지? 그때 그분 간증은 '기도하기 시작했으니 언젠가는 나도 무릎 꿇고 기도할 수 있을 것'이라는 믿음이 왔다고 간증한 거야.
- 그런데 다음 날 강의하러 나가니 그 목사님이 맨 먼저 강의실에 앉아 학습준비를 하고 있었고, 그를 보는 순간 선생님의 마음에 믿음이 와서 "목사님, 언젠가는 고침 받고 무릎 꿇을 수 있는 날이 오리라는 믿음을 갖게 되었다고 간증하셨지요? 오늘이 그날입니다."라고 선포하신 후에 함께 기도하셨고, 처음에는 안 나은 것 같았는데 찬양 중에 주님의 음성을 듣고 무릎을 꿇는 역사가 일어났다고 간증해 주셨습니다.

- 아, 그래. 내가 지난번에 이야기했군. 그리고 다인이가 다 기억하고 있네? 어쨌든 이분은 찬양 중에 임하신 주님을 만났고, 주님의 음성을 들었고, 치유가 확인되었다네.
- 찬양 중에 거하시는 주님을 만났군요. 찬양도 건성으로 하면 안 되고 진지하게 찬양해야 하겠네요?

말의 세계

- 하나 더 치유와도 관련되어 있고 건강한 삶과 관련하여 나누고 싶은 이야기가 있는데, 그것은 말의 세계야. 우리가 입으로 혀로 하는 말의 중요성을 기억해 두는 것도 치유와 건강한 삶에 유익할 거야.
- 말도 치유와 관계가 있나요?
- 치유뿐 아니라 우리의 전반적인 삶에 자신에게나 다른 이에게나 상당한 영향을 미치는 것이 말의 세계야. 우선 말은 우리의 믿는 바를 스스로 인치는 일이기도 하지.

> **롬 10:10** 사람이 마음으로 믿어 의에 이르고 <u>입으로 시인하여 구원에</u> 이르느니라

우리가 믿음으로 구원받는 것이지만 우리가 말로 시인하여 믿음을 나타내게 되고 구원을 확증하게 된다는 말이지. 그러므로 건

강한 삶과 치유에도 말로 시인하는 것이 중요하더라고. 단순한 치유와의 관계에서만이 아니고 삶 전반에 막대한 영향을 끼치는 말의 세계에 대하여 조심할 필요가 있는 것 같아. 말의 세계에 대하여 우선 성경의 말씀을 살펴보자고.

> **민 14:28** 그들에게 이르기를 여호와의 말씀에 내 삶을 두고 맹세하노라 너희 말이 내 귀에 들린 대로 내가 너희에게 행하리니

내가 충격적으로 말에 대하여 깨달음을 얻게 한 성경 구절이 위의 민수기 말씀인데, 이 말씀의 배경이 무엇인지 아나?

- 그 배경은 이스라엘이 출애굽 하여 가나안을 향해 갈 때 바란 광야에 진치고 머물며 12명의 정탐꾼을 가나안에 보내어 정탐하게 하였고 12명이 40일 동안 가나안을 정탐하고 와서 보고할 때 여호수아와 갈렙은 긍정적인 보고를 하지만, 그 외 10명의 부정적인 보고를 듣고 백성들이 지도자와 하나님을 원망한 사건을 두고 하나님이 분노하시며 선포한 말씀이지요?
- 맞아. 그런데 상당히 엄중한 말씀의 선포야. 이 말씀의 요지가 무엇인 것 같은가?
- "너희 말이 내 귀에 들린 대로 내가 너희에게 행할 것이라" 하는데요. 이스라엘 백성들이 말한 것이 하나님의 귀에 들리고 들린 대로 행한다는 것이니, 말한 대로 되게 하겠다는 것 아닙니까?
- 그런 내용이지? 그런데 이 선포가 얼마나 엄중한지 한번 묵상해

보라고. "나의 삶을 가리켜 맹세하노라" 하시지 않나?

- 그러면 내가 살아 있는 한 변치 않는 선포라는 뜻 아닙니까? 아니, 하나님이 100세를 사셔요, 1,000세를 사셔요? 영원히 사는 분이니 영원히 변치 않을 말씀이라는 뜻이네요?
- 그렇지? 그런데 그 내용은 무엇이라고?
- 말한 대로 되게 한다고요.
- 그러니 우리가 아무렇게나 함부로 말을 내뱉으면 안 될 것 같지 않나? 그나저나 이스라엘이 그때 내뱉은 말이 무엇이었던가?
- 원망의 말, '망하게 되었다'는 부정적이고 불신앙적인 말이지요?
- 그래. 그 부정적이고 불신앙적이고 원망하는 말에 기분 나빠 하시면서 20세 미만의 새 세대를 일으켜 가나안에 들어갈 것이고 성인 세대는 광야에서 다 죽고 망하리라고 선포하신 것이거든. 그리고 광야에서 40년간 방황하는 세대가 되고, 40년 동안 광야를 돌면서 성인 세대 중에는 긍정적이고 신앙적인 말을 했던 여호수아와 갈렙만 가나안에 들어가고 나머지는 광야에서 다 죽게 되었지.
- 말을 잘못했다가 엄청 고생하고 다 약속의 땅을 얻지 못하고 죽었네요?
- 그랬지. 그래서 정탐꾼 10명의 말과 여호수아와 갈렙 두 사람의 말과 백성들의 말을 숙고해 보면 우리가 기본적으로 어떤 말을 하고 사는 것이 건강하고 축복받고 선한 역사를 이루는지 알 수 있을 것 같지 않나?
- 선생님, 제가 일본 과학자가 쓴 《물은 답을 알고 있다》라는 책을

읽은 적이 있는데, 물도 사람의 말의 영향을 받는대요. 두 컵의 물을 두고 한 쪽에는 욕하고 부정적인 말을 하고 한 쪽에는 칭찬과 긍정적인 말만 해주었는데, 긍정적인 말만 들은 물은 우리 건강에 가장 좋은 육각수로 변하고 부정적인 말만 들은 물은 그 형태가 부서지는 악수로 변한다는 이야기던데요.

- 성진이도 그 책을 읽었나 보군. 나도 읽어본 적이 있는데, 그렇게 물이 사람의 말에 따라 그 속성과 질이 달라진다니 놀랍지 아니한가?
- 맞아요. 언젠가 MBC 방송에서 실험을 해서 보여준 게 있는데 쌀밥을 두 그릇 떠 놓고 며칠간 한 그릇에는 부정적인 말, 한 그릇에는 긍정적인 말을 하고 나니 부정적인 말만 들은 밥에는 검은 곰팡이가 나고 긍정적인 말만 들은 밥은 하얗게 발효되는 것을 찍어 보여준 적이 있어요. 과학적으로도 말이 중요한 것으로 연구 발표되고 있어요.
- 그래, 그런 의미에서 오늘 여기 민수기 공부를 좀 하면서 말에 대한 깨달음을 얻도록 하자고. 우선 여호수아가 정탐 보고를 할 때는 긍정적인 말로 보고를 하지.

> **민 13:27** 모세에게 말하여 이르되 당신이 우리를 보낸 땅에 간즉 과연 그 땅에 젖과 꿀이 흐르는데 이것은 그 땅의 과일이니이다

이렇게 보고하면서 또 그 땅 백성들이 강하고 성읍은 견고하다는

사실도 사실대로 보고하였지. 그러나 그 톤은 긍정적이었어. 그러자 거기에 갈렙이 "올라가서 그 땅을 취하자 우리가 이기리라."고 말하거든. 그런데 이렇게 여호수아와 갈렙이 긍정적으로 보고하고 말하자 나머지 10명은 이에 대하여 이의를 제기하며 부정적인 보고를 해.

> **민 13:31-33** 그와 함께 올라갔던 사람들은 이르되 우리는 능히 올라가서 그 백성을 치지 못하리라 그들은 우리보다 강하니라 하고 이스라엘 자손 앞에서 그 정탐한 땅을 악평하여 이르되 우리가 두루 다니며 정탐한 땅은 그 거주민을 삼키는 땅이요 거기서 본 모든 백성은 신장이 장대한 자들이며 거기서 네피림 후손인 아낙 자손의 거인들을 보았나니 우리는 스스로 보기에도 메뚜기 같으니 그들이 보기에도 그와 같았을 것이니라

그러자 이스라엘 온 회중은 밤새도록 통곡하고 원망하며 절망하는 모습을 보이지(민 14:15).

- 부정적인 말은 백성 전체를 절망과 원망의 세계로 몰아넣었네요?
- 그러니까 말이야. 그런데 가만히 들여다보면 이 10명의 보고는 처음부터 부정적인 사람들임을 보여주고 있고 앞뒤가 안 맞아. 사람들이 조금만 주의하면 그들의 말이 맞지 않는다는 것을 알 텐데 부정적인 말은 더 강한 영향을 주는 것 같아.
- 뭐가 앞뒤가 안 맞는데요?
- 그 땅은 사람을 삼키는 땅이라 했지?

- 사람이 못 사는 땅이라고 말한 셈이지요?
- 그런데 어떻게 그 땅에 사는 사람들이 크고 강하고 튼튼해서 못 이긴다고 하지?
- 그러네요? 사람이 살 만한 땅이 못 되면 그곳에 사는 사람들이 굶주려 작고 약해야 할 텐데 말입니다.
- 그래서 우리는 할 수 있는 대로 **긍정적인 말**을 사용해야 할 것 같아. 내 개인적인 간증을 하나 나누고 싶은데….
- 말해 주세요. 간증은 언제나 실감 나는 적용의 지혜를 주니까요.
- 내가 6·25 피난 시절에 못 먹고 병들면서 자라서 그런지 몸이 평생 약하고 힘들어하면서 사역을 했다고 말한 적이 있지?
- 그랬지요.
- 그래서 밤에 잠도 설치고 새벽에 일어나려면 천근만근 몸이 무거워 짜증이 났거든. "잠을 자고 나면 거뜬한 날이 있어야지, 뭐 이렇게 천근만근이야." 짜증내는 소리를 내면서 일어나곤 했었지. 그리고 밖에서 사역하다가 집에 들어오면 날마다 하는 말이 "아, 피곤하다." 피곤하다는 말이 늘 입에 붙어 다녔어. 결혼 초기에는 내가 피곤하다며 들어오면 내 아내가 따뜻한 물을 대야에 가져와 발 담그라며 발 마사지를 해주곤 했는데, 몇 달 지나니까 국물도 없더라고….
- 무슨 말씀입니까? 국물도 없다니요?
- "당신 안 피곤한 날 있어?" 하고 핀잔만 하지, 발 마사지도 안 해주더라고.

- 매일 피곤하다는 말에 사모님이 지쳐 버린 모양이네요?
- 그랬나 봐. 그러다가 이 민수기 말씀을 묵상했는데 충격을 받았어. '매일 피곤하다고 말했으니 갈수록 더 피곤해진 것이고 매일 몸이 무겁다고 짜증내는 말을 했으니 갈수록 더 무거워진 것으로구나.' 그런 생각이 들어 우선 말부터 고치기로 작심했지.
- 그래서 어떻게 말이 바뀌었는데요?
- 들어오면서 아내에게 말할 때는 예전에는 "여보, 나 오늘 진짜 피곤하다" 이런 식으로 말하곤 했는데 이제는 "여보, 나 내일은 거뜬하게 일어날 것 같아." 그렇게 말하고, 또 새벽마다 "잠을 자고 나면 거뜬한 데가 있어야지 매일 천근만근이야." 이렇게 짜증내며 부정적인 말을 하곤 했는데, 이제는 이불을 박력 있게 차 내버리면서 "할렐루야! 감사합니다." 그렇게 말하면서 일어나지. 그리고 "할렐루야! 우리 예수 부활 승천하셨네." 하면서 부활 찬송을 부르곤 했어.
- 현실은 피곤한데 피곤하다는 말 대신 미래지향적으로 내일은 거뜬할 것이라고 표현했네요. 실제는 피곤하다는 뜻이 포함되어 있지만 말은 긍정적으로 바꾼 것이네요?
- 그랬지. 그래서 긍정적인 말로 바꾸고 몇 년 지나다 보니 다시 아내가 발 마사지를 해주게 되었어. "나 내일은 거뜬할 것 같아." 이렇게 말하면 "아무렴 거뜬해야지." 화답하면서 대야에 따끈한 물을 담아 가지고 와. 그리고 새벽에 일어날 때 '할렐루야'를 잊어 버렸어.

- '할렐루야 부활 찬송'을 잊어버리는 것은 좋은 일 같지 않은데 왜 잊어버려요?
- '할렐루야' 하기 전에 벌떡 일어나 있는 거야.
- 그렇게 거뜬히 일어난다는 뜻인가요?
- 그런 이야기야.
- 말을 긍정적으로 바꾸어 생활하니까 현실도 긍정적으로 바뀐 것이네요?
- 그렇다니까. 긍정적인 말이 건강한 삶에 중요하더라고. 이게 우연의 일치인지는 모르겠는데 내가 한번은 캐나다 토론토 대한 기도원에서 광복절 기념 부흥회를 한다면서 강사로 와 달라고 해서 갔는데, 거기 두 사람의 암 환자가 참석했어. 한 사람은 목사였고 한 사람은 남자 집사였는데 두 사람 다 그 주변 사람들의 이야기에 의하면 굉장히 비판적이고 부정적인 사람이라는 거야. 그들에게서 긍정적인 말을 들어본 적이 없다는 거야. 어쩌면 부정적인 말만 내뱉는 것이 자신들에게 암을 가져왔는지도 모른다고 그러더라고…. 할 수 있는 대로 긍정적으로 말하는 습관을 만들어야 할 것 같았어.
- 두 암 환자가 나았다는 간증을 하시는 줄 알았는데, 끝이에요?
- 조금 기다려. 다시 민수기로 돌아가자고. 백성들이 통곡하고 원망하고 민란이 일어날 듯하자 여호수아와 갈렙이 옷을 찢고 소리 질러 하는 말을 보라고….

민 14:6-9 그 땅을 정탐한 자 중 눈의 아들 여호수아와 여분네의 아들 갈렙이 자기들의 옷을 찢고 이스라엘 자손의 온 회중에게 말하여 이르되 우리가 두루 다니며 정탐한 땅은 심히 아름다운 땅이라 여호와께서 우리를 기뻐하시면 우리를 그 땅으로 인도하여 들이시고 그 땅을 우리에게 주시리라 이는 과연 젖과 꿀이 흐르는 땅이니라 다만 여호와를 거역하지는 말라 또 그 땅 백성을 두려워하지 말라 그들은 우리의 먹이라 그들의 보호자는 그들에게서 떠났고 여호와는 우리와 함께 하시느니라 그들을 두려워하지 말라 하나

- 여호수아는 다시 한 번 긍정적인 말로 확증하네요. "우리가 두루 다니며 정탐한 땅은 심히 아름다운 땅이라"고 해요. 그리고 "과연 젖과 꿀이 흐르는 땅"이라고 하고요. 그런데 왜 10명에게는 아름다운 땅은 안 보이고 황무지만 보였을까요?
- 사실대로 말하자면 두 사람의 긍정적인 보고도 사실에 맞고, 10명의 부정적인 보고도 사실에는 맞는다고 보아야 할 거야. 왜냐하면 가나안 땅에는 요단 강변 비옥한 들녘도 있고 유대 광야 황무지도 있으니까. 그런데 여호수아와 갈렙은 비옥한 땅 중심으로 보고하며 긍정적이고, 10명은 황무지 중심으로 생각하고 부정적인 것이지. 우리 삶의 여건도 언제나 긍정적인 요소와 부정적인 요소가 공존해. 긍정적인 것을 찾고 긍정적인 것을 중심으로 생각하고 감사로 살아야지. 그리고 여기 여호수아와 갈렙의 말에는 긍정적인 것 외에 한 가지가 더해졌어.

- 뭐가 더해져요?

   "여호와께서 우리를 기뻐하시면 우리를 그 땅으로 인도하여 들이시고 그 땅을 우리에게 주시리라."
   "그들은 우리의 먹이라 그들의 보호자는 그들에게서 떠났고 여호와는 우리와 함께 하시느니라."

- 뭐가 더해진 것 같은가?
- 아, 보인다. 하나님이 더해졌는데요? **믿음의 말**이 더해진 것입니다. 아무리 가나안 사람들이 크고 강하다고 해도 하나님께서 함께 하시므로 이길 것이고, 그 땅은 우리가 차지하게 된다는 믿음의 말로 선포하고 있는 것이지요?
- 바로 보았어. 긍정적일 뿐 아니라 믿음으로 말하는 모습이지. 하나님께서는 말할 것도 없이 불신앙의 말보다는 믿음의 말을 기뻐 받으시겠지?
- 그러시겠지요?
- 내가 경험한 믿음의 말이라는 것의 중요성을 간증하고 싶은데, 너무 유치한 이야기라고 할까 봐서….
- 말해 주세요. 듣고 싶어요. 유치하다고 안 할게요. 우리도 긍정적으로 말해 드릴게요.
- 그러면 내가 간증할 테니, 중간에 말을 끊지 말게.
  몇 해 전 훈련을 진행하다가 훈련생 중에 환자들이 있다 하여 치유를 위한 기도를 하기로 했어. 치유 받기를 원하는 사람은 나오라 하니 10명이 나오더군. 그들을 놓고 나머지 사람들이 각각 분담하여 사랑의 중보기도를 하며 치유를 위하여 기도하였지. 다음 날 확인하고 간증을 하라 했더니, 세 명이 고침 받았다고 간증하데. 그래서 나머지 7명을 위하여 한 번 더 기도하기로 하였지. 그 시간에는 나도 기도를 받겠다고 했어. 왜냐하면 내가 치통이 심해서 음식을 씹을 때 신경을 건드리면서 찍찍 통증을 느껴서 매우 고통하고 있었고, 치과에 갔었지만 많은 이가 아말감으로 해 넣거나 싸여 있어서 정확하게 어느 이에 통증이 있는지 찾지 못했어. 그래서 막연하게 치료를 시작하면 치료 범위가 너무 커질 것 같다고 하여 실험하고 찾으며 고생하고 있던 터인지라 기도 받고 고침 받고 싶었지.

내가 내려가 기도를 받겠다고 앉자 이제야 믿음이 오는지 용기가 생겨나는지, 기도 받겠다고 나오는 사람이 있어서 도로 환자가 10명이 나와 기도 받게 되었지.

— 어제는 기도 받으러 안 나왔던 분이 나온 모양이네요?

— 이야기 끊지 말라고 하셨잖아.

— 아, 그렇지.

— 내가 기도를 받게 되니까 기도를 진행하고 대표 기도하여 마무리 할 사람이 필요해서 제일 나이 어린 전도사님에게 그 일을 맡겼지. 전도사님이 할 수 있으면 누구라도 할 수 있다는 것도 보일 겸 막내가 대표로 기도를 인도하고 대표로 선포하고 마감 기도를 하

도록 했지.

기도가 한동안 열심히 진행되고 나서 전도사님이 좀 흥분되고 떨리는 듯한 목소리로 마감 기도를 했지만, 선포와 명령 기도도 본대로 배운 대로 시행하더군. 보통 "〇〇〇 목사님의 치통은 치유될지어다." 이렇게 선포하는데, 이 전도사님이 기도할 때는 "이강천 목사의 치통은 치유되었느니라." 그렇게 선포하는 거야.

- 전도사님이 더 세게 나왔네요?
- 그랬지. 나는 '아멘' 소리쳤지. 기도가 끝난 후 어떻게 내 기도할 때는 이미 치유된 것으로 선포하게 되었느냐고 물었더니, 자신은 모른다고 하더군. 나는 성령께서 하게 하신 선포인 줄 믿고 믿음으로 나은 것으로 알고 저녁 식탁에 갔지.

첫 숟가락으로 콩나물을 한 젓가락 집어넣고 그 치통이 있던 왼쪽 이로 씹었어. 그랬더니 찍~ 하고 통증이 오는 거야. 전혀 변화가 없었지. 내가 왼쪽으로는 더 이상 씹지 못하고 오른쪽으로 간신히 씹어 삼키고는 말했지.

"치통아, 네가 예수의 이름을 무엇으로 알고 예수 이름으로 선포되었거늘 아직 남아 있단 말이냐? 썩 사라지거라."

그리고 다시 한 젓가락 넣고 왼쪽으로 씹었지. 다시 찍~ 하고 통증이 치밀었어. 그래서 하마터면 "아직 안 나았잖아." 이렇게 말할 뻔했어. 그러나 나는 다시 믿음을 가다듬고 말했지.

"치통아, 너는 떠나야 해. 예수 이름으로 명령을 받았잖아. 속히 떠나가거라."

그리고 다시 한 젓가락을 집어 왼쪽으로 씹었지. 여전히 찌익~ 하고 통증이 오는 거야.
- 굉장히 시험받으셨겠네요?
- 잠시 갈등이 생기더군. 하지만 '아니야, 이것은 고침 받은 것이야' 생각하고 다시 말했지.

  "치통아, 내가 분명히 말한다. 너는 떠나가라. 나는 예수 이름으로 치유되었느니라. 나는 내 왼쪽 이로 씹을 거야."

  그리고 왼쪽으로 씹었지. 드디어 더 이상 통증이 걸리지 않더라고.
- 아, 힘들다. 듣는 저도 힘든데, 그 시험을 어떻게 끝까지 믿음으로 밀어붙이셨어요?
- 사실 믿음으로 끝까지 말한다는 게 그렇게 힘들더라고…. 하여튼 그 이후 지금까지는 20여 년 동안 통증을 느끼지 않았어. 믿음의 말을 주님께서는 인치시고 응답하셨다고 보는 것이지. 뭐, 이야기하고 나니까 조금 쑥스럽네. 너무 어린아이 같은 이야기라서….
- 어린아이 같기는 하지만 그 어린아이 같은 믿음을 주님께서 받으셨네요?
- 그러니까 말이야. 자, 다시 민수기 이야기로 돌아가서, 백성들이 무슨 말을 하다가 40년 동안 광야 생활하고 광야에서 다 죽게 되었다고 했지?
- 원망의 말이지요.
- 그랬지. 우리는 원망의 말, 짜증의 말, 불평의 말을 많이 하면서 사는데, 우리에게서 이러한 말은 제하여 버리고 그 반대말인 **감사**

의 **말**을 하면서 살아야 할 것 같아. 나는 감사는 하나님의 축복의 세계에 코드를 꽂는 것과 같다고 생각해. 감사하는 말만 하며 살면 그 인생은 이미 복된 인생이야. 그리고 감사의 말을 하고 살면 건강해져.

- 종합하면 **긍정적인 말, 믿음의 말, 감사의 말**이 건강한 말이고 복된 삶을 만드는 말이네요?
- 다인이가 잘 정리해 주어서 좋긴 한데, 왜 내 얘기를 끊고 정리해 버리나? 그만 이야기하라는 것 같네?
- 아니, 아녜요. 감격스럽게 깨달아져서 제 마음에 간직하려고 정리한 것인데요.
- 아, 그래. 그럼 용서할게. 하하하. 조금 더 이야기하면 내가 일본 목사님이 쓴 글을 읽다가 이런 간증을 발견했어. 신자 중에 한 사람이 반신불수가 되었다네. 그를 위하여 기도할 때 성령께서 가르치시기를 "그 녀석은 내 은혜의 치유를 받기 위하여 말부터 고쳐야 하느니라. 그는 입만 열면 불평이요 짜증이요 원망이다. 그에게 감사의 말을 연습하라고 일러라." 했다는 거야.

그래서 그 목사님은 그 신자에게 가서 하루에 만 번씩 감사의 말을 하도록 숙제를 냈대. 다행히 그 환자는 그 목사님의 말을 받아들여 매일 만 번씩 감사의 말을 하나님을 향하여, 사람을 향하여 "감사합니다. 고맙습니다." 그렇게 종일 말하곤 했대. 몇 개월이 지나서 그는 수족이 풀리고 건강을 회복하게 되었다는 간증이 쓰여 있더라고. 과연 감사는 하나님을 신뢰하는 것이고, 하나님의 축복의 세계에 코드를 꽂는 일이야. 감사의 말은 축복을 부르고 감사의 말은 인생을 건강하게 만드는 길이야. 내가 캐나다 토론토 기도원 집회에 두 명의 암 환자가 왔었다는 이야기했지?
- 네, 한 분은 목사님, 또 한 분은 집사님이라고 하셨습니다. 그리고 두 분의 특징은 비판, 불평불만이 많은 부정적 언어 사용자라는 공통점이 있다고 하셨지요.
- 그랬지? 그런데 그 집회 기간 중 한 분은 고침 받고 한 분은 고침 받지 못했어.
- 집사님이 나았나요, 목사님이 나았나요?
- 그 경우에서는 목사님이 나았는데, 내 설교를 들으면서 그 목사님이 자기의 비판적이고 부정적인 말을 함부로 쏟아내던 일을 눈물로 회개하였다는 거야. 그러고 나서 암이 사라졌대. 나중에 병원에 가서도 확인되었고.
- 집사님은요?
- 집사님은 회개하는 눈치가 안 보이더라고. 아멘도 안 하고 여전히 어두운 얼굴을 하고는 집회를 흘려보냈어.
- 그것 참 아쉬운 일이군요.
- 그랬어. 다행히 그 목사님은 고침 받고 지금까지 감사로 목회하고 계시더군.
- 감사하군요.
- 그래, 이제 치유의 세계에 대하여 하나만 더 이야기해야 할 것 같은데?

- 말씀, 기도, 찬양, 말의 세계를 말씀하셨는데, 아직도 더 있나요?
- 응, 이 모든 것을 묶어서 하나가 더 있어. 그것은 '믿음의 세계'야.

믿음의 세계

우리가 믿음의 말을 해야 한다고 하였거니와 말만이 아니라 말씀에 대하여도 믿음으로 반응해야 하고, 기도하고 믿어야 하고, 말도 믿음으로 해야 하고, 찬양도 주님을 믿고 신뢰하는 마음으로 해야 하고, 병도 믿음으로 고침 받는 것 아닌가?

- 구원의 은혜부터가 믿음으로 받는 것이니, 치유도 믿음으로 받는 것이겠지요? 예수님께서도 고치시면서 믿음을 강조하신 적이 많지요?

> **마 9:29** 이에 예수께서 그들의 눈을 만지시며 이르시되 **너희 믿음대로** 되라 하시니

- 그래, 치유는 전적으로 하나님께 의존하는 신유이기 때문에 믿음으로 받는 것이지. 믿음의 세계에서 치유의 세계가 열린다고 보아야지.
- 믿는다면 구체적으로 무엇을 어떻게 믿는다는 것일까요?
- 기본적으로는 치유하시는 하나님을 믿어야지. 좀 더 부연하자면 다음과 같이 믿어야지.

말씀을 믿을 것

> **마 8:17** 이는 선지자 이사야를 통하여 하신 말씀에 **우리의 연약한 것을 친히 담당하시고 병을 짊어지셨도다** 함을 이루려 하심이더라

기도 응답을 믿을 것

> **막 11:24** 그러므로 내가 너희에게 말하노니 무엇이든지 기도하고 구하는 것은 받은 줄로 믿으라 그리하면 너희에게 그대로 되리라

믿음으로 말할 것

> **마 17:20** 이르시되 너희 믿음이 작은 까닭이니라 진실로 너희에게 이르노니 만일 너희에게 **믿음이 겨자씨 한 알만큼만 있어도** 이 산을 명하여 여기서 저기로 옮겨지라 하면 옮겨질 것이요 또 너희가 못할 것이 없으리라

- 믿음과 치유에 관한 간증은 없나요?
- 있지. 부산에 있는 한 교회에서 주일 오전과 오후에 '일일 부흥회'라는 이름으로 초청받아 가서 설교한 적이 있지. 사실 담임 목사는 내 동기생 친구였어.
- 친구도 보고 싶고 특별한 설교도 듣게 하고 싶어 초청하셨던 모양이네요?

- 글쎄, 그랬던 모양이야. 그런데 그 친구 목사가 오후 설교가 끝나고는 신자들에게 안수 기도를 해달라는 거야. 특히 병들어 고생하는 환자들이 많으니 치유의 안수를 해달라고 간청하더라고.
- 선생님, 안수하는 은사가 없다고 하지 않았나요?
- 그렇지. 올라오는 열차 시간도 있고 해서 많은 시간을 할애할 수도 없고 안수의 은사가 없기도 해서, 고침 받기 원하는 사람은 일어서고 각자가 자기의 손을 아픈 부위에 얹으라고 하고 내가 대표로 기도했지.

  그런데 그중에 다리가 아파서 스스로 걷지 못하고 부축을 받아 교회에 온 분이 있었는데, 혼자 투덜댔다는군.
- 왜요? 왜 투덜대요?
- "다리 아픈 사람에게 고쳐 주고 '일어나라' 해야지, '일어나면 고쳐 준다'고 하면, 나는 어떻게 하란 말이야?" 하면서 투덜대고 있었대.
- 그러겠네요. 다리 아픈 사람을 고쳐 주고 일어나라 해야지, 일어나면 낫는다 해도 어쩌지 못하니 투덜댔겠네요?
- 그랬겠지? 그런데 "일어나라 하면 일어날 것이지, 무슨 잔소리가 많은가" 하며 누가 뒤통수를 때려서 깜짝 놀라 일어나 둘러보니 아무도 자기를 때린 사람이 없고, 자신은 일어나 있었고 그 시로 고침 받아 걸어갔다는 보고를 받았어.
- 재미있는 이야기네요? 누가 때렸을까요? 성령께서 때리셨나요? 하여튼 그분은 깜짝 놀라 일어났고 그대로 일어났네요?
- 그랬다네.

- 하나님은 믿음을 도우시기도 하고 믿음을 도전하기도 하시는 모양이군요?
- 그런 것 같지? 케네스 해긴 목사님의 글에 이런 이야기가 있더군. 해긴 목사님이 치유 집회를 하고 있는데 어느 날 밤 설교 현장으로 들어가는 입구에서 어떤 신자가 기다리더니 해긴 목사님을 붙들고 지금 즉시 자기를 위하여 안수해 달라고 보챘다는 거야. 그 교회 담임 목사님이 이를 제지하며 타일렀대.
"설교 후에는 일일이 안수해 줄 것인데, 기다리고 은혜 받고 안수 받으시지, 왜 이러십니까?" 그랬더니 그 환자가 말하기를 "저 바쁘단 말입니다."
"무엇이 그리 바쁩니까?"
"저 너무 아파서 앉아 있지도 못합니다. 얼른 안수 받고 가서 침대에 누워야 합니다."
- 하하하, 빨리 안수 받고 침대에 누워야 한다고요? 개그하시는 것인가요?
- 아니, 내 얘기가 아니고 그 환자가 그러더래. 그리고 해긴 목사가 그리 썼더라고. "이렇게 믿으면 안수한들 무슨 치유를 받을 수 있겠습니까?"
- 결론은 믿음이네요. 믿음이 치유를 받는 비결 중의 비결이 맞지요. 그런데 선생님, 치유를 위한 기도를 어떻게 하는 것인지, 구체적인 기도문까지 포함하여 가르쳐 주시지요.

6
치유 기도의 성격

- 그래, 먼저 기도자에게 필요한 것부터 나누어야 하겠군.

기도자에게 필요한 것

1) 믿음
- 병든 자가 고침 받기를 위하여 기도할 때는 무엇보다도 믿음이 필요하지.
- 믿음은 병 고침뿐 아니라 기본적으로 구원에도 필요하고 하여튼 모든 은혜는 기본적으로 믿음으로 받는 것이니 누구라도 믿음이 필요한 것 아닐까요?
- 맞아, 병자를 치유하기 위하여 기도하는 사람은 **주님의 사랑과 능력을 믿고 또 하나님이 치료하시는 하나님이심을 믿는** 믿음으

로 손을 얹어야 하지. 믿는 자들에게는 표적이 따르는데, 손을 얹은즉 나으리라고 하셨고, 믿음의 기도는 병든 자를 구원한다고 말씀하셨으니까.

> **막 16:17-18** 믿는 자들에게는 이런 표적이 따르리니 곧 그들이 내 이름으로 귀신을 쫓아내며 새 방언을 말하며 뱀을 집어올리며 무슨 독을 마실지라도 해를 받지 아니하며 **병든 사람에게 손을 얹은즉 나으리라** 하시더라

> **약 5:15** **믿음의 기도는 병든 자를 구원하리니** 주께서 그를 일으키시리라 혹시 죄를 범하였을지라도 사하심을 받으리라

- 이 말씀들은 기도의 세계를 말씀하실 때 인용한 말씀입니다.
- 그래, 말씀을 붙들고 믿고 기도해야 한다는 말이야. 마태복음 9장에 기록된 중풍병자를 고치는 이야기에는 주님께서 기도자의 믿음을 보신다는 힌트가 있어.

> **마 9:2** 침상에 누운 중풍병자를 사람들이 데리고 오거늘 예수께서 <u>그들의 **믿음을**</u> 보시고 중풍병자에게 이르시되 작은 자야 안심하라 네 죄 사함을 받았느니라

여기 "그들의 믿음을 보시고"라고 할 때 '그들'은 누구를 지칭한 것 같은가? 환자의 믿음일까? 그를 주님께 데리고 간 친구들의 믿음일까?

- 환자는 제외해야 할 필요는 없겠지만 일단 환자를 메어 간 친구들의 믿음을 지칭한 것 같습니다.
- 그렇지. 여기서 환자를 예수님께 메어 간 친구들의 역할을 하는 것이 중보 기도자인데, 기도자의 믿음을 하나님이 받으시는 것으로 이해할 수 있지.

2) 사랑
- 그다음 중보 기도자들은 믿음만이 아니라 사랑을 품고 기도해야 하지. 병자를 불쌍히 여기는 마음(Compassion)을 품고 기도해야 한다는 말이야.
- 기도의 세계에 대하여 말씀하실 때 능력이라는 접근이 아니라 사랑이라는 접근, 코이노니아 공동체적 사랑으로 접근해야 한다고 말씀하시며 능력이 먼저가 아니라 사랑이 먼저라고 하여 사랑의 마음의 중요성을 이미 말씀하셨습니다.
- 그래서 나는 이렇게 표현하기를 즐겨 하는데 "사랑을 쏟아 부어 기도하라"는 것이지. 단순히 능력을 믿고 능력을 나타내는 식의 기도가 아니라 병자를 불쌍히 여기는 사랑의 마음으로 기도해야 하고 그만큼 간절하게 기도해야 한다는 말이야.
- 예수님이 병자를 치유하는 사역을 하실 때도 불쌍히 여기는 마음을 품고 치유하셨다고 하였습니다. 백부장의 종이 병들었을 때도 사랑하는 마음에 고쳐 달라고 간청하고요. 나사로가 병들어 죽었을 때도 예수님은 눈물을 흘리실 만큼 사랑하심으로 그를 살리셨

음을 이미 언급하셨습니다.

- 그래, 사랑과 긍휼의 마음으로 기도할 때 주님은 뜨겁게 역사하신다는 사실을 기억해야 해. 이야기한 성경 구절을 다시 확인하고 가자고.

> **마 14:14** 예수께서 나오사 큰 무리를 보시고 **불쌍히 여기사 그중에 있는 병자를 고쳐** 주시니라

> **눅 7:2-5** 어떤 백부장의 **사랑하는 종이** 병들어 죽게 되었더니 예수의 소문을 듣고 유대인의 장로 몇 사람을 예수께 보내어 오셔서 그 종을 구해 주시기를 청한지라 이에 그들이 예수께 나아와 **간절히 구하여 이르되** 이 일을 하시는 것이 이 사람에게는 합당하니이다 그가 우리 민족을 사랑하고 또한 우리를 위하여 회당을 지었나이다 하니

> **요 11:3-5** 이에 그 누이들이 예수께 사람을 보내어 이르되 주여 보시옵소서 **사랑하시는** 자가 병들었나이다 하니 예수께서 들으시고 이르시되 이 병은 죽을병이 아니라 하나님의 영광을 위함이요 하나님의 아들이 이로 말미암아 영광을 받게 하려 함이라 하시더라 예수께서 본래 마르다와 그 동생과 나사로를 **사랑하시더니**

- 그러니까 중보 기도자는 사랑으로 역사하는 믿음을 가져야 한다는 말씀이군요?

- 그렇지. 갈라디아서가 말하는 '사랑으로 역사하는 믿음'이 필요한 것이지.

> **갈 5:6** 그리스도 예수 안에서는 할례나 무할례나 효력이 없으되 **사랑으로써 역사하는 믿음**뿐이니라

3) 겸손한 확신

- 그다음에는 '겸손한 확신'이라고 말하고 싶은데, 우리가 병든 자에게 손을 얹을 때 우리 자신이 능력이 있어서가 아니고, 우리 자신이 기도를 많이 했기 때문에 환자가 치유될 것이라는 식의 태도가 아니라, 우리 자신은 아무것도 아니나 예수님의 은혜와 그 이름의 권세와 성령님의 능력을 의지한다는 겸손이 필요하지.
- 내가 능력이 있어서라든지 또는 내가 기도를 많이 해서 병든 자를 고칠 수 있다고 착각해서는 안 된다는 말씀이군요?
- 그렇지. 내가 능력이 있어 고치거나 내가 기도를 많이 한 사람이니까 고치게 된다고 생각하면 솔직히 나는 병 고침을 위한 기도조차 할 수 없어. 왜냐하면 나는 능력도 없고 기도도 많이 못 했으니까. 그러나 병 고치는 은혜는 나 자신의 능력이나 경건에 의존하는 것이 아니라 예수 이름의 권세요 주님의 은혜에 근거하기에 나는 순종함으로 손을 얹고 기도한다네. 베드로의 증언을 생각하면서 말이야.

행 3:12 베드로가 이것을 보고 백성에게 말하되 이스라엘 사람들아 이 일을 놀랍게 여기느냐 **우리 개인의 권능과 경건으로 이 사람을 걷게 한 것처럼 왜 우리를 주목하느냐**

기도 받는 자에게 필요한 것

- 이제 기도를 받는 자의 입장에서 생각할 필요가 있는 것에 대하여 말해 보도록 하지. 기도 받는 자에게 필요한 게 무엇일까?

1) 믿음
- 기도 받는 병자에게도 절대적으로 필요한 것은 믿음이겠지요?
- 그렇지. 환자에게도 가장 기본적인 필요는 믿음이지. 구원도 은혜도 치유도 믿음으로 받는 것이니까…. 창조주 하나님, 치료자 하나님에 대한 믿음을 가져야 하는 것이 기본이지. 물론 믿음 없는 사람도 고쳐 주시면서 믿음을 갖도록 도와주시는 경우도 있기는 하지만 대체로 병든 자가 치유되기 위해서는 주님께 대한 신뢰를 갖도록 해야 하지. 그리고 친구들, 지체들, 기도자들은 환자의 믿음을 도와주는 일도 필요하지.
- 환자의 믿음을 어떻게 도와주지요?
- 첫째는 말씀을 나누어 주며 말씀으로 인한 확신을 얻게 하는 일, 둘째는 비슷한 신유의 간증을 나눔으로써 도와줄 수 있지. 하여튼 믿음은 기본이야.

- 믿음은 기본이고 필수겠지요. 예수님이 병자를 고치실 때 "네가 믿느냐?"고 질문하신 경우가 많거든요. 그리고 "믿음대로 구원을 받으라"고 선포하기도 하셨고요.
- 지원이가 똘똘해. 성경 어디에 그런 기록이 있지?
- 마태복음 9장에 있지요.

> **마 9:22** 예수께서 돌이켜 그를 보시며 이르시되 딸아 안심하라 **네 믿음이 너를 구원하였다** 하시니 여자가 그 즉시 구원을 받으니라

> **마 9:28-29** 예수께서 집에 들어가시매 맹인들이 그에게 나아오거늘 예수께서 이르시되 내가 능히 이 일 할 줄을 **믿느냐** 대답하되 주여 그러하오이다 하니 이에 예수께서 저희 눈을 만지시며 이르시되 **너희 믿음대로 되라** 하시니

2) 고백
- 기도 받는 환자의 경우 한 가지 고려해 볼 것은 혹시 자신에게 죄가 없는지, 살피는 기도를 하고 죄가 생각나면 즉시 고백하는 기도를 하는 것이 좋아.

> **약 5:15-16** 믿음의 기도는 병든 자를 구원하리니 주께서 그를 일으키시리라 **혹시 죄를 범하였을지라도 사하심을 받으리라 그러므로 너희 죄를 서로 고백하며 병이 낫기를 위하여 서로 기도하라** 의인의 간구는 역

사하는 힘이 큼이니라

야고보서의 말씀은 죄를 공동체 코이노니아 안에서 서로 고백하며 병이 낫기를 위하여 기도하라고 하시거든?
- 병든 자는 모두 무슨 죄가 있어 병들었다고 말하거나 그렇게 생각하는 분위기라면 병든 자는 더 상처 받던데요?
- 그렇지. 병든 자는 꼭 특별한 무슨 죗값으로 병들었다는 교리는 없어. 그렇게 생각해서는 안 되고 그런 분위기가 되면 안 되지. 다만 혹시라도 죄를 살피고 고백하고 회개하는 것이지. 왜냐하면 실제로 하나님께서 질병을 통하여 회개의 기회를 주시는 경우도 있을 수 있다고 보아야 하니까. 그래서 야고보서를 통하여 권하는 것이니까 말이야.
- "너는 죗값으로 병든 거야." 그런 교리나 그런 분위기는 오히려 환자를 더 상처받고 병들게 하므로 조심해야 하지만 혹시 죄가 있는 경우는 회개해야 치유가 될 것이니까 "혹시 죄가 생각나거든 즉시 하나님께 고백하고 회개하기를 바랍니다." 이 정도로 하면 좋을 것 같군요?
- 다인이가 잘 이해하고 정리한 것 같네. 환자는 모두 특별한 그 병을 벌로 받을 만한 죄를 가지고 있기 때문이라는 전제는 있을 수 없지. 예수님도 병자에게 직접적인 죄로 병들었다고 말씀하지 않으셨어.

요 9:2-3 제자들이 물어 이르되 랍비여 **이 사람이 맹인으로 난 것이 누구의 죄로 인함이니이까** 자기니이까 그의 부모니이까 예수께서 대답하시되 **이 사람이나 그 부모의 죄로 인한 것이 아니라 그에게서 하나님이 하시는 일을 나타내고자 하심이라**

다만 혹시 죄가 있을지도 모르며 자신을 살피고 돌아보는 기도를 한다는 것은 유익한 일이기 때문이고, 회개하지 않은 죄가 있는 경우 죄를 회개하는 일은 치유의 지름길이기 때문이지. 그리고 혹시 죄가 있을지라도 사하신다고 주님이 약속하셨으니까 말이야.

- 이제 구체적으로 기도하는 방식을 가르쳐 주세요.
- 기도야, 그냥 기도하면 되지.
- 그래도 좀 구체적으로 안내해 주세요.

7
치유를 위한 기도

- 무엇보다도 사랑의 중보기도를 하는 거야.
- 친교 영성에서 이야기해 주신 그 사랑의 중보기도 말인가요?

사랑의 간청하는 기도

- 그렇지, 지금까지 우리가 논의한 치유는 코이노니아 공동체적 접근이었고, 그 핵심은 사랑의 중보기도야. 공동으로 형제 또는 자매에게 손을 얹고 사랑을 쏟아 붓는 심정으로 형제의 고통을 느끼며 부르짖고 기도하는 것이지.

> **눅 11:8** 내가 너희에게 말하노니 비록 벗 됨으로 인하여서는 일어나서 주지 아니할지라도 그 **간청함을 인하여** 일어나 그 요구대로 주리라

> **요일 4:12** 어느 때나 하나님을 본 사람이 없으되 만일 **우리가 서로 사랑하면 하나님이 우리 안에** 거하시고 그의 사랑이 우리 안에 온전히 이루어지느니라

명령과 선포 기도

- 그러나 동시에 치유 기도는 믿음으로, 예수 이름으로 명령하고 선포하는 기도를 포함하지. 예수님께서 베드로의 장모가 열병을 앓을 때 열병을 꾸짖어 고치셨다는 기록이 있지?
- 네, 그래서 선배님이 처음 신유를 경험하실 때 어린아이의 열병을 고쳐 달라고 기도하다가 그 일이 생각나서 열병을 꾸짖고 떠나가라고 명령하셨다는 간증을 하셨습니다.
- 그래. 많은 경우 예수님은 말씀으로 고치셨어. 예수께서 제자들을 전도 파송하실 때 가서 복음을 전파하며 동시에 병든 자를 고치라고 하셨지. 병든 자를 고쳐 달라고 기도하는 것만이 아니라 고치는 것이라고 하셨거든. 그래서 명령과 선포를 하는 것이지.
- 베드로는 성전 미문에 앉아 걷지 못하던 자에게 그냥 예수 이름으로 명령했지요? 바울 사도도 발을 쓰지 못하는 사람에게 "네 발로 일어서라" 하고 명령했고요. 이것이 제자들이 예수님께 교육받은 대로 병을 고치는 모습일 것 같네요.
- 그래, 우리는 질병과 병마가 떠나가라고 예수님 이름으로 명령할 수 있고, 병에서 고침 받으라고 예수 이름으로 선포할 수 있다고

믿어. 성경도 확인하자고.

눅 4:38-39 예수께서 일어나 회당에서 나가사 시몬의 집에 들어가시니 시몬의 장모가 중한 열병을 앓고 있는지라 사람이 그를 위하여 예수께 구하니 예수께서 가까이 서서 **열병을 꾸짖으신대 병이 떠나고** 여자가 곧 일어나 그들에게 수종드니라

마 8:16 저물매 사람들이 귀신 들린 자를 많이 데리고 예수께 오거늘 예수께서 **말씀으로 귀신들을 쫓아내시고 병든 자를 다 고치시니**

행 3:6 베드로가 이르되 은과 금은 내게 없거니와 내게 있는 이것을 네게 주노니 곧 **나사렛 예수 그리스도의 이름으로 일어나 걸으라** 하고

행 14:8-10 루스드라에 발을 쓰지 못하는 한 사람이 앉아 있는데 나면서 걷지 못하게 되어 걸어 본 적이 없는 자라 바울이 말하는 것을 듣거늘 바울이 주목하여 구원받을 만한 믿음이 그에게 있는 것을 보고 큰 소리로 이르되 **네 발로 바로 일어서라 하니 그 사람이 일어나 걷는지라**

그래서 대체로 코이노니아 공동체가 함께 통성으로 사랑의 간청 기도를 하고 마무리하면서 리더가 명령과 선포를 하고 감사 기도로 마무리하면 좋아. 자, 모두들 코이노니아 모임에서 행할 수 있는 치유 사역이 확실하지?

- 네, 코이노니아로 접근하니 확신이 드네요.
- 다시 한 번 이 주제를 마무리하면서 강조할 것은, 어떤 특별한 사람에게는 하나님께서 신유의 직임을 주셔서 전문적으로 치유 사역을 하게 하기도 하시고 신유의 은사를 주셔서 치유 사역을 보다 능력 있게 하게도 하시지. 그러나 우리가 신유의 은사가 있든 없든 더 중요한 것은 코이노니아 공동체로서 치유에 대해 접근한다는 거야.
- 형제가 병든 것을 보면서 기도하지 않을 수 없고 함께 고통을 느끼지 않을 수 없는 것이니 치유를 위해 기도하라는 것이지요?
- 그래. 한 몸 된 코이노니아로서 치유 사역을 한다는 말이지.

고전 12:26 만일 **한 지체가 고통을 받으면 모든 지체가 함께 고통을 받고** 한 지체가 영광을 얻으면 모든 지체가 함께 즐거워하느니라

영성 세계로의 여행 7

신유 영성 나는 치료하는 여호와로라

1판 1쇄 인쇄 _ 2020년 10월 14일
1판 1쇄 발행 _ 2020년 10월 24일

지은이 _ 이강천
펴낸이 _ 이형규
펴낸곳 _ 쿰란출판사

주소 _ 서울특별시 종로구 이화장길 6
편집부 _ 745-1007, 745-1301~2, 747-1212, 743-1300
영업부 _ 747-1004, FAX 745-8490
본사평생전화번호 _ 0502-756-1004
홈페이지 _ http://www.qumran.co.kr
E-mail _ qrbooks@daum.net / qrbooks@gmail.com
한글인터넷주소 _ 쿰란, 쿰란출판사
페이스북 _ www.facebook.com/qumranpeople
인스타그램 _ www.instagram.com/qrbooks
등록 _ 제1-670호(1988.2.27)
책임교열 _ 최진희 · 최가영

ⓒ 이강천 2020   ISBN 979-11-6143-457-5   94230
　　　　　　　　　　979-11-6143-450-6(세트)

책값은 뒤표지에 있습니다.
이 출판물은 저작권법에 의해 보호를 받는 저작물이므로 무단 복제할 수 없습니다.
파본(破本)은 구입처에서 교환해 드립니다.